子ども理解から出発する保育

せんりひじり幼稚園

5月14日(月)
こうきもできたー

ひよこぐみの お友達が 数人
集まっているのに 気付き、
「こ、こうきもー」とやってきたこうきくん。
みんながいると、何か楽しいことが
あるって、気付いているんですね♡

5がつ16にち きんようび
じー👁

カブト虫の お名前決め！
体を乗り出し、1番前で真剣♡
本当は"かぶたん"がいいんだけど
そのあと 多数決で"かぶとむ"に。
ちょっと 泣いちゃったけど…
ぐっと ガマン。
そういうときも あるよね…
自分のきもち、皆のきもち…
考える力が 育っています。

新任保育者の振り返り

子どもの主体性と自己肯定感を育む保育を行うには、子ども理解が何より大切です。ポートフォリオ、ドキュメンテーション、教育課程づくりなどを進めながら、園内研修でみんなの気づきを深めていきます。（2章参照）

◀各月ごとの「写真＋気づき」を床いっぱいに広げ、写真で綴る教育課程にまとめあげていく

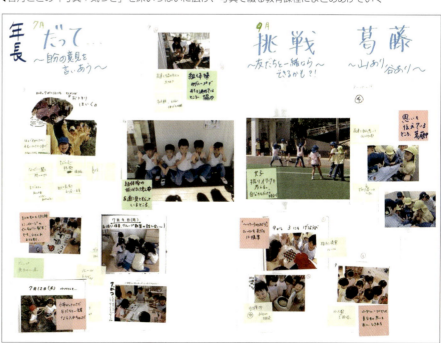

年長児のプロジェクト・お店屋さんごっこ。お店決め、下見、道具づくり……話し合いと試行錯誤を重ねながら友だちと共に決定していくこと、共に活動すること、共に居ることの心地よさを体験していく

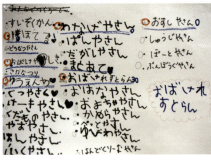

らしく育て

ひじりっこ

▲ドキュメンテーション▶
写真とコメントでわかりやすく伝え、子どもの育ちの姿を保護者と共有していく（3章参照）

一人ずつに作成するポートフォリオ

クラスだより

写真で綴る1年間
〜年長5歳児の育ち〜

4月 "やってみたい！やってあげたい！"

ぼくたち！わたしたち！ねんちょうぐみ！
「うわぁ！ねんちょうぐみだけにある虫メガネだ〜！」
「どうやってつかうのかなぁ??」
「わからないけど とりあえずやってみよっ！」
「ここにもなにかいるよ！」「うん ちょっとまって！」

期待と不安もあふれた4月。ちょっぴり不安もあるけれど
年長だけの、年長だからの特別感がいっぱいです。
新しいクラスの友だちとの微妙な距離が少しずつ縮まりそうな…
そんな4月です。

6月 "みんなでちょっとかんがえyo"

「ねぇどうするぅ??」「なにがいいかなぁ…」
「こうやってみたいねんけど…」「でも こうしたほうがいいで」
自分が思ったことを自画帳に書いてみたよ。
「あっ！それいいやん！」「…わっ みてくれたんだ！うれしいなぁ」
一人で考えるより、グループの友だちと考える方がなんか楽しい♪

友だちとのやりとりの中ですてきなアイディアがいっぱい出てきました。
友だちの関係が生まれ始めたこの時期だからこその、友だちの距離感や
表情。まだほんの少しぎこちない。でもほんわかしたムードの
この頃の年長組です。

9月 "なんなんもー〜!!"

"なんなん もー〜!!"
「だって オレこうしたいねん！」「そんなあかんな！オレだって
やりたいねんぞ〜！」「んーわかるけど でもな…」
「もうどうしたらいいのー？」
「あかん！むきききへんで せんせーきてー！！」
友だちの言いたい事はわかる。でも受け入れられない…
でも そままるから良いよ！少しずつ折りあいがつけられるように
なってきたのかなぁ

相手の気持ちがわかるけど受け入れられない。わかってきたからこそ
受け入れられる。そんな毎日のやりとりが子どもたちの関係を深めています。
"だって…"の7月から一歩進んだやりとりが見られるようになってきました。

11月 "じぶんたちでやってみよっか！"

「みんなどうする？」
「じゃあ○○くん」「こんなのどうかな？」
「ほかは？」「これいいんちゃう？」「んーそやなぁ」
「じゃあオレこっちがくわ」「じゃあオレそれたちとくし！」
「ちょとまってーる あかんわこれ！」「こうしたらじょうぶやろ！」

話しあいの仕方もわかってきたみんな。会議も、決定も作り
上げていくのも全て自分たちで！目標実現に向けて役割りも
決めてやっていくことができるようになってきました。山あり谷あり。
だけど 皆で力を合わせて、追求で"自分たちだけの○○"を
0から作り出します。

2月 "やったーできた！おめでとう！"

「次は回るかな？まわるかな…」
「あ！まわった！」「よっしゃ〜!!」
「うわぁ〜！」「すぃね〜！」
「○○くんできたやん！」「よかったぁ〜」
友だちが成功したことを自分のことのように喜ぶ
みんな。こんな友だちってステキですね。

頑張ってきた姿を見てきているからこそ、ドキドキ感や達成感を
一緒に味わうことができる。喜んでくれる友だちがいて、うれしさ
倍増！わかりあえる仲間ってサイコー!!

年長5歳児の育ち（部分）各年齢ごとにつくって保護者懇談会などで活用する（3章参照）

せんりひじり幼稚園（3歳〜5歳）の子どもたちと教職員（2016年2月撮影）。年少組5クラス、各クラス約25名、2人担任。年中組5クラス、各クラス約30名、担任1人＋副担任（学年2人）。年長組5クラス、各クラス約32名、担任1人＋副担任（学年1人）。教職員総勢約90名。

子どもに至る

保育者主導保育からの
ビフォー&アフターと
同僚性

安達譲
Adachi Yuzuru
安達かえで
Adachi Kaede
岡健
Oka Ken
平林祥
Hirabayashi Sho

ひとなる書房

Contents ●子どもに至る

はじめに 4

1章　保育者主導の保育から、子ども主体の保育へ 7
　　　―私たちは、何を、どのように変えてきたか？―

1　公開保育でそれまでの保育を否定され、模索が始まる 8
2　環境を変えよう 「コーナーってどうつくるの？」 11
3　園庭環境を変えよう！ 16
4　保育の計画を見直そう 19
5　子どもから出発する保育へ 22
6　園内研修を変える 23

Comment 保育において「見届ける」（評価する）ということの意味 27

2章　保育の見直しを支えた園内研修 29
　　　―教える保育者から、学びの保育者へ―

1　子どもを肯定的に見ていこう 30
2　ひとりの子どもを理解する　～マインドマップ～ 37
3　協働するための技法　～ノーテーション～ 42
4　子どもの姿を後ろから捉える　～エピソード研修～ 46
5　話し合うための技法　～ファシリテーション～ 52
6　保育者の願いと子どもの姿の融合　～写真に吹き出しをつける～ 61
7　保護者と子どもの育ちを共有する　～ポートフォリオ、紙芝居～ 66
8　子どもの姿から教育課程をつくる　～写真で綴る教育課程～ 67

9 一緒に「遊ぶ」保育者と研究者　69
　　Comment 「園内研修を推進する」ことを巡る2つのカギ　75

3章　保護者とのパートナーシップ　77
―変わる時代の中での「共育て」―

1 よく理解して入園してもらうために　79
2 子どもの育ちの姿やよさを共有する　85
3 保護者にとっても喜びの場でありたい　94
　　Comment 「子ども」を通し「喜び」を保護者と共にすることの意味　108

4章　家族のように大切にし合う「同僚性」　111
―大人たちの育ち合いは、保育の営みと一緒―

1 園の風土として受け継ぎ育んできたもの　112
2 『新任の教育課程』をつくる　117
3 はるこ先生と新人ともみ先生の1年間　129
4 人を育てるということ　145
　　Comment 「人が育つこと」の傍らにいることの喜び　148

おわりに　仲間たちと拓く保育の新時代　150

発刊に寄せて　温かくかつ厳しい「同僚性」　小田豊　158

〈執筆分担〉
安達譲：1章、4章1節、おわりに　安達かえで：3章
平林祥：2章、4章2節3節4節　岡健：各章末コメント

はじめに

　「子どもに至る」という少し風変わりな表題に、私たちは二つの意味を込めました。一つは、保育を考える際の出発点として、文字通り子どもに至った、ということです。

　せんりひじり幼稚園は今年50周年を迎えました。この間、本園であるひじり幼稚園（大正12年創立）の創設者安達晋が大切にしてきた、「子ども一人ひとりの色（個性）を大切にする」という理念は、不易な（変わらぬ）ものとして受け継がれてきました。「子どもたちが幸せな幼児期を過ごしてほしい」、そのために「よりよい保育を求めていこう」と懸命に取り組んできました。

　しかし、個性を大切にしたいという願いは持っていたものの、今振り返れば、実際の保育は「保育者主導の保育」とでも言えるものでした。「こんなことができる子どもになってほしい」と目標を持ち、「そのための保育計画をしっかり立て」、「予定した活動にどの子も取り組めるような保育を行う」ことが、私たち専門家の役割と考え、努力を重ねてきていたのです。

　それが、2000年に実施した公開保育で「個を大切にした保育ではない」「やることが決まっていて保育者は楽そうだ」という厳しい「批判」を突きつけられて、大変なショックを受けました。保育の根底が問われたのです。このときを契機に、私たちの保育は、子どもの思い（主体性）を大切にした「子どもから出発する保育」への転換を図ることになったのでした。

　それまでの保育から、何を、どのように変えてきたのか、悩みながらのビフォー＆アフターを1章で紹介します。

　もう一つ込めた意味は、子ども（理解）に至り続けるということです。

「子どもの主体性を大切にする保育」は、「どう関わるか？」の前に「どんな子？」を考えます。子どもを巡る状況に思いをはせ、この子は今、何を思い、どう育とうとしているのか、その子のその時々に応じた「子ども理解」がなによりも大切です。
　そうして、子ども理解を深める中から保育者の関わり方を探るわけですが、それを保障してきたのが園内研修でした。保育の手立てに、いつでもどんな子にもあてはまるような"正解"はありません。保育者たちは様々な手法を活用して、お互いの気づきを重ね合い、よりよい保育を求めて試行錯誤をしていきます。
　教える保育者（専門家）から学びの保育者（専門家）へ——子どもに至り続ける道は、子どもに学び続ける道であり、子どもたちの笑顔を原動力にした保育者たちの終わりのない道程です。そんな園内研修の取り組みの実際と、私たちの変容を2章で詳しく紹介します。

　3章では、保護者との協力関係（パートナーシップ）について様々な取り組みをまとめました。子どもの育ちを共に願うパートナーである保護者と、何をどのように共有し、いい関係を構築していくかは、保育を変えていくときには特に重要であると思います。
　4章は、園内の「同僚性」や人材育成についてです。もともとせんりひじり幼稚園の風土としてあったものや、新任を育てるための組織運営や先輩保育者の配慮が書かれています。大人たちの育ち合う関係は、私たちが求めている保育の営みとまったく同じことに気づかされました。

　私は立場上、多くの園の公開保育に参加したり、園内研に関わらせてい

ただく中で、自分たちが悩み模索してきたことの中には、多くの方々にとっても、共通の課題や共通の学びの道筋があるのではないか、と思うようなりました。そこで、自分たちの学びを振り返り整理することを通じて、同じ課題を持つ方々との交流の糧になれたらと願って、本書を発刊することにいたしました。みなさんのお役に立てれば幸いです。

　まだまだつたない実践ですが、私たちが子ども主体の保育へと変わってくることができたのは、一人ひとりの保育者の真摯な努力と、その努力を支えた「同僚性」、そして何よりも私たちを支えてくださった多くの先生方がいらっしゃったからこそと感謝に堪えません。とりわけ大妻女子大学の岡健先生には親身なご協力をいただき、今日まで実りの多い園内研修を続けてこれています。本書の編集・執筆にもご尽力いただきました。
　末尾ながら、小田豊先生はじめこれまでご指導ご鞭撻賜りました諸先生方に、この場をお借りして心からのお礼を申し上げます。

　　　2016年7月　　　　　　　　　　　　　　　　　安達　譲

1章
保育者主導の保育から、子ども主体の保育へ

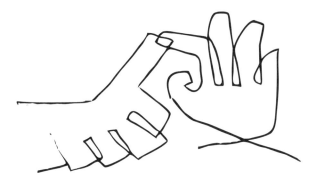

私たちは、何を、どのように変えてきたか？

公開保育でそれまでの保育を否定され、模索が始まる

「保育と仲間づくり研究会」との出会い

　1998年8月、私（安達譲）は和歌山で開催された全日私幼近畿地区教員研修大会に参加しました。その大会の分科会で、ある私立幼稚園の実践報告がありました。今から思うとその内容は子どもの育ちに視点を定めたものというよりも、保育者の意図が全面に出たものでした。しかし、その発表内容以上に私が疑問に感じたのは、その発表に対する意見がとても表面的で、「よかった」「参考になりました」とは言うものの、本音で保育について語り合っているようには思えないことでした。

　私はその前年に小学校の教員を退職して幼稚園に入ったばかりの新参者でしたので、幼稚園関係の研修大会に対していろいろと新鮮に感じることが多かったのだと思います。研修終了後に安家周一先生[1]にその思いや疑問をぶつけたところ、「それなら僕らのやってる研究会があるから、一度来てみたら」と誘っていただいたのが「保育と仲間づくり研究会」[2]（略称：仲間研）でした。安家先生を代表として当時の関西の若手の園長先生、研究者、出版関係者等が小田豊先生[3]や管野信夫先生[4]をスーパーバイザーとして毎月本音で子どものことを話し合う研究会でした。

　研究会の方針（ルール）は2つあって「来る者拒まず、去る者追わず」「参加者は自園での公開保育を必ず実施する」というものでした。そして、入会してから2年経った2000年にせんりひじり幼稚園は初めての公開保育を実施しました。今から振り返ると、その時の公開保育が私たちの大きな転換期となりました。

　わけもわからないまま、一所懸命みんなで準備をしました。偉い人たちが見に来るということで、保育室をきれいにしつらえ、お客さん向けの参観日を迎える感覚でした。日常の保育を少しグレードアップした……そんな保育を準備しました。当日を迎え、午前中の保育の公開に続き午後から

[1] あけぼの幼稚園園長。「保育と仲間づくり研究会」代表。元大阪府私立幼稚園連盟理事長、（公財）全日私幼幼児教育研究機構副理事長。

[2] 主に京阪神の私立幼稚園・保育園・認定こども園の園長と保育者、研究者などで構成される私的研究会。

[3] 聖徳大学児童学部児童学科教授、元文部科学省視学官、元国立特別支援教育総合研究所理事長。

[4] 天理大学教授、保育と仲間づくり研究会並びに大私幼キンダーカウンセラー事業スーパーバイザー。

の振り返りの検討会での話し合いになりました。

その当時、園の保育のスタイルは保育者が意図した「一斉保育」がメインでしたので、子どもたちが主体的に活動する環境（コーナー）はほとんどありませんでした。たとえば、「今日は魚をつくってみましょう」といって、用意してあった材料を配り、一斉につくり、できた子から、横に用意してあった画用紙の池に魚を入れて展示するといった風に……保育者主導・行事重視で、子どもからの言葉でなく、保育者発信で保育者の意図に沿って保育が進んでいました。

これまでの保育が否定される！

公開保育後の振り返り会では、「仲間研」会員の先生方から、

「子どものやりたいことができていない」
「保育室が整いすぎている」
「やることが決まっていて保育者は楽そうだ」
「10年前だったらいい幼稚園だったよね」
「答えは子ども自身が持っているよ」

等々、たくさんの厳しいご意見をいただきました。そしてそれらの意見はたんなる厳しい批判ではなく、かつて会員の先生方ご自身が小田豊先生からの厳しい、でも愛情のこもった意見を受け止め、自分たちの園の保育を進化させてこられた体験からおっしゃってくださっているのだと感じられました。本音で保育を語り合うことを望んでいたものの、それにしても、ここまで率直に指摘されたのは正直かなりのショックでした。

「子どものよりよい育ちを願ってのことかもしれないが、やっていることは違う」ということです。

「一所懸命やってきたのに……」
「何をどう変えたらいいの？」
「子どもに無理させてたのかなぁ？」
「子どもの育ちってどう見るの？」

私たちは、いただいた意見を受け止められず（何が悪いのか理解できず）、何をどうすればいいのかわからず、「明日からどうしたらいいの？」と方向を見失ってしまったのが本当のところでした。
　それでも、よりよい保育をしていきたいという思いはみんな一致して持っていたので、どうにかみんなで励まし合い、気持ちを持ち直していきました。そして厳しいご意見をいただいた会員の先生方の園を見学することから、自分たちの進むべき方向を模索することになりました。
　公開保育で突きつけられた自分たちの課題を念頭に、「仲間研」の様々な園を見学させていただきながら、それまで「あたりまえ」と思っていた自分たちの日々の保育をじっくり振り返ることにしました。見学した園の子どもたちがじっくり遊び込んでいる姿や、自分たちで遊びや生活を考えていく姿を目の当たりにして、様々な気づきがありました。
　「そういえば、うちの園では遊びが長続きしないやんかぁ」
　「子どもが自分であれこれ考えてできるようにしたらいいんかな」……

子どもの主体性の大切さに気づく

　それまでの保育は、学校で行われているような「一斉保育・一斉指導」でした。たとえば、描画活動でいえば、その時期その時期に、決まった絵を描いていました。行事後の経験画はあたりまえでした。一斉に「今から運動会の時の思い出の絵を描きます」と始まります。描きたくない子がいても「今は絵を描く時間だからちゃんと座って」と、白い画用紙に向き合わせていたような絵画指導でした。それが子どもに経験させてあげる大切なことで、描かない子は、描く経験をすることができないのでかわいそうと思っていました。そして、全員に描かせることが担任の責任だと思い込んでいました。
　おもちゃは自由時間が終わるとすべて片付けて、気持ちを切り替えて一斉指導に移ることが大切だと教えられてきました。もちろんコーナーなどはなく、ソファーやカーペットもなく、今使わない物を置いておくのは危ないし集中の邪魔になると考えていたので、すべての物はきれいに棚の中に片付け、床には椅子と机だけがマス目上に並べられていました。出席を取る時間が始まると、椅子に座り、背筋を伸ばして返事をする……、先生が話をしているときは、ちゃんと聞く。お喋りはしない……、などと言い

1章　保育者主導の保育から、子ども主体の保育へ

一斉指導の中で、みんな同じような絵になっている　1990年頃

聞かすことも生活指導の一環だと思っていました。

　クラス全員が一人も欠けることもなく、図書の本を借りに行ったり体育館に行ったりという集団行動が大切だという考えでしたから、勝手な行動をする子が多いクラスは、担任の力量が足りないと思われていたかもしれません。子どもが自分で考えて行動するというよりも、先生に言われたことをそのとおりにきちんとする子が誉められるような時代でした。

　「自分で考えて行動してほしいもんね」
　「どうやったらその力がつくのかなぁ」……

　子どもの主体性を保障した保育になっているのかどうか、その大切さを問われたのでした。自分たちの保育をよくしていくために、具体的には何をどう変えたらいいのかと話し合う機会が増えていきました。

2　環境を変えよう　「コーナーってどうつくるの？」

　まず初めに取り組んだのが環境の見直しです。そのころの私たちは「幼児教育は環境を通した教育である」という言葉は聞いて知っていました

が、なぜ環境が大切なのかをまったくわかっておらず、たとえば、秋の紅葉のシーズンには子どもたちが登園するまでに落ち葉をホウキできれいに掃いておくような状態でした。学び合い話し合う中で、子どもをとりまく「環境」が保育に大きく関係していることにあらためて気づき、子どもたちが自分で遊びを選んでそのことに没頭できる「コーナー」をつくることからスタートしました。

　保育室内の環境に重点をおき、各保育室をビデオ撮影したり、おもちゃや室内環境に詳しい外部の講師の方をお招きして園内研修を行ったりしました。保育後に講師の先生から、

・「ままごとのコーナーの赤ちゃんにどうして名前がついてないの？　名前がないのはモノと同じだよ」
・「積み木遊びで何が育つと思っていますか？　年齢ごとにふさわしい大きさ、材質・量・形があるんですよ」
・「1個1個の積み木にクラス名が書いてあるのはなぜ？　子どもを信用していないの？　子どもの見立て遊びのじゃまになっているよ」

等々、厳しくかつ具体的にアドバイスをいただきました。
　研修後は、年齢（発達段階）に合ったおもちゃをについて話し合いながら選択していきました。赤ちゃんを本当に命あるものとしてかわいがることにより子どもの心情が育つようにと、クラスで名前をつけたり、赤ちゃんの人形を置くベットやソファーを手づくりしたり、カーテンをつけたり、じゅうたんを敷いたりして家庭の雰囲気に近づけたり、また、集中して遊び込めるようにゾーンを分けたり試してみました（P14参照）。

子どもの姿が変わってきた

　こうした取り組みの結果は徐々に子どもの姿の変化として現れてきました。子どもたちが十分に納得するまで遊びを展開していくことで、満足した表情を見せたり、夢中になっている姿を目の当たりにすると、私たちも本当にうれしくなってきました。
　あるとき、おままごとに夢中になった3歳児の女の子が、保育室内の水槽から生きたままの金魚をすくいあげてフライパンの上に乗せたことがあ

りました。保育者はびっくりしてすぐに元に戻すように言いました。ところがそれは、お寿司屋さんでいけすの魚を料理してもらったことがあるから……と聞いたときには、「なりきっていたからなのね！」と納得したり、子ども自身が経験したことがもとになって、コーナーでごっこ遊びとして再現できているんだということをうれしく思いました。

積み木のコーナーでは、今まではつくった後は壊していたのが、続きをしたい子はそのままの状態で置いておけるスペースを確保し、さわってほしくない時には「さわらないでください」の張り紙をする子どもの姿など

「さわらないでください」

が見られました。続きができるという安心感があることで納得し、気持ちを切り替えて他の活動へスムーズに移ることができるようになったり、より高度なことに挑戦したりという姿が見られました。

こうして、少しずつ子どもたちの様子が変わってきたのを目の当たりにして、コーナーの必要性、環境の大切さをより感じるようになりました。環境を変えることによって、さらに遊び込む子どもたちの姿が見られ、私たち自身が環境を工夫していく面白さを感じるようになりました。また、このころから子どもたちの姿を保育者同士でよく情報交換するようになりました。新たな発見があると自分のクラスで試してみたり、失敗したことも共有していきました。

「一斉」か「コーナー」か

しかし、一方で遊び込んでいる子もいれば、遊びに入ろうとするけれども場の区別がつかず、ただおもちゃを使っては散らかす……を繰り返す子どもの姿もありました。3歳児が汽車のレールをつなげたのをそのままにして他の遊びに行ってしまった時など、そのままにしてあげておいたほうがいいのか、もう片付けてしまったほうがいいのか、遊びの継続と片付けの見極めがつかない私たちは、コーナー保育のあり方に迷いました。保育室にはおもちゃが散らかり、一斉保育のほうが何をやっているかわかりやすく、行きつ戻りつの保育でした。

スタートしてからしばらくの間のコーナー（2000年～2004年ごろ）

1章 保育者主導の保育から、子ども主体の保育へ

現在のコーナー

積み木コーナー

ままごとコーナー

絵本コーナー
ファンタジーの世界に入り込めるように、また少しゆったりと過ごせるように囲まれたコーナー

ままごとコーナー
大人のまねなどをしながら人間関係や言葉の発達を助長する

積み木コーナー
並べたり、積み上げたりする中で集中力を高め、友だちとの協力を学ぶコーナー

お絵かきコーナー
集中して取り組める折り紙や色塗りやお絵かきのコーナー

制作コーナー
廃品や自然物を使って思い思いの物を想像して作ることが出来る。

生き物コーナー
小動物や虫を観察したり命を大切に飼育できる観察コーナー

同時に「個」と「集団」、「一斉保育」と「コーナー保育」のバランスについても悩みが浮上しました。私たちは、コーナー保育を実践し始めてから「一斉保育はよくない」「絶対しちゃダメ」と極端に否定していたように思います。そして、個々の関わりを重視するあまり、クラスみんなで話をする機会が激減しました。すると、そんな姿を見た保護者から「以前と比べて子どもたちに話を聞く姿勢ができていないのでは？」と指摘されることもありました。コーナー保育で何を育てたいのかまだはっきりした答えが出せず、保護者に指摘されたことでまた迷う私たちでした。

　制作を一つするにも、一斉のほうがいいのか？　コーナーでするほうがいいのか？　とても迷いました。そこで、保育者間で話し合いの機会を持ち、困っていること、悩んでいることを共有し合いました。すると、どのクラスでもどの保育者も「コーナー保育」にとらわれすぎてしまっていること、「一斉」と「コーナー」のバランスで悩んだりつまずいたりしていることがわかりました。そこで、すべてコーナーでしなければならないと思い込んでいる自分たちの考え方をまずは見直してみようということになりました。

　その結果、たとえば全員に必ず伝えなければならないようなことのように、一斉の活動のほうが子どもたちに伝えやすいこともあれば、子どもたちが何かをつくるときなどは、コーナーでゆっくりと一人ひとりに関わったほうがいい活動があるということに気づきました。

3　園庭環境を変えよう！

岡先生との出会い　「付箋はありますか？」

　ある日、見学に来られた他園の先生方から、「広い敷地があるのにその環境が生かされていない」「もったいない」という意見をいただきました。
　2007年ころ、（公財）全日本私立幼稚園幼児教育研究機構では安家委員長のもとで「研修俯瞰図」[5]を作成していました。話がなかなかまとまら

5）（公財）全日本私立幼稚園幼児教育研究機構が作成したもので、個々の保育者が自ら研修の主体となって計画的に研修を受講するためのもので、A子どもの人権、B望ましい教師像、C教育理論、D幼児理解、E保育の計画と実践、F地域・家庭支援の6つの分野がそれぞれ初級・中級・上級の3つのレベル毎に研修内容がまとめられている。(2015年改訂)

ず煮詰まっていたところへ大妻女子大学の岡健先生に入っていただいたところ、あれよあれよという間に整理ができて完成に至りました。その会議に委員として参加していた私は「この人だ！」と思い、せんりひじりの園内研修に来ていただくことになりました。

マップづくり

2008年、岡先生に初めて園内研修に来ていただいた時は、園内の様々な場所で子どもたちが自分から遊び込めるようにしたいと、室内・屋外すべての環境を見直そうとしていたときでした。その悩みを私たちから聞いたときの岡先生の第一声は「付箋はありますか？」でした。それまで私たちにとっての付箋は本を読むときの目印程度に思っていたので、何に使うかわからないままに書き込みのできる正方形の付箋をなんとか職員室からかき集めて園内研がスタートしました。

「まずは、今、園のどの場所でどんな遊びを子どもたちがしているか、書き出してみましょう」ということで、園内のマップつくりが始まりました。園内のどこでどんな遊びをしているのか、課題と思っているのはどこか等を付箋に記入し、貼り付けていきました。すると様々な場所でみんなが問題と思っていることが見つかり、共有することができました（次頁参照）。

たとえば、大人気の砂場では、各年齢の遊びが交差していることに気がつきました。手で砂の感触を味わいながら心を落ち着けるようにのんびり遊ぶ3歳児と、大勢で協力しながらダイナミックに遊ぶ5歳児の遊びが混在し、3歳児にとっては危険さえ感じる居心地の悪い場所になっていたのです。

そこで、初めての集団生活を送る3歳児の子どもたちには、自分の世界で自分のペースでゆったりと遊べるように、1学期には保育者から目の届く保育室前に木を組んで、簡易のミニ砂場を設置することにしました。そして、砂、泥んこ、色水遊び、など五感を使った遊びを自然物と上手くからませて経験できるようにしました。そこで保育者や友だちと安心して遊び込むことで、関わりながら自己発揮ができるようになりました。

5歳児の池づくり

4歳児の山づくり

砂場で遊ぶ様子をマップ（右）にすることで、いろんな年齢の子どもたちが入り混じって遊んでいる様子がよくわかり、問題点も見えてきた

3歳児の泥だんごづくり

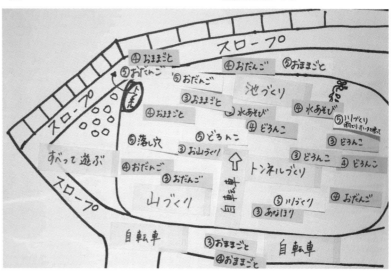

「きらきら広場」をつくる

　3歳児はシンプルな生活の積み重ねが大切です。単純なぶつ切りの活動から、つながりのある保育を心がけ、自分の好きな遊びに没頭できるように、たっぷりと午前中の時間を確保することにしました。自然物を生かした遊びの提供をする広場を室外でのコーナーの一つとして設置してみました。「きらきら広場」と名付け、目的を持って何かに熱中する子どもたちの集まる場所になりました。

　ところが、他学年の保育者からはきらきら広場で遊ばない子がいたり、遊んでいてもそれぞれに違うことをしたりするので、「こんなに幅を持たせた保育で大丈夫なの？」と、これまでの教育課程と違った「ゆったり」した3歳児の育ちから4歳児、5歳児への連続性を心配する声が聞かれる

1章　保育者主導の保育から、子ども主体の保育へ

ケーキがいっぱいできたね

3歳児用に「きらきら広場」をつくる

ようになりました。今まで数十年続いていたやり方に変化をつけるのはかなり勇気のいることでしたが、子どもたちの育ちのために変えていかなければいけないという気持ちで一杯でした。

　そこで保育者同士で自主的に園内研修を企画・提案し、3歳児の姿と新たな保育のやり方を共通理解したうえで、4歳児、5歳児の保育をあらためて見直していきました。この研修をきっかけに、3学年を見通した保育をさらに意識するようになりました。

4　保育の計画を見直そう

「日案」から「週案」へ

　環境構成の見直しに関しては、子どもたちの変化した姿から手応えを感じていた一方で、日々の保育の中で、「教育課程・月案・日案」と実際の子どもの姿の間にずれがあるのではないかと考えるようになりました。

　たとえば、新任保育者は木曜日の保育の計画を立てる時には前日の水曜日の朝までに書いた日案を学年主任に見てもらっていました。しかし、その日案を考えるときは火曜日の姿を元に立てるので、計画を立てるときの

姿とはどうしてもずれが出てくるのですが、それでも計画通りに保育を進めようとしていました。そのように計画に縛られるのではなく、あらためて目の前にいる「子どもの今の姿」から明日の保育を考えようと思うようになったのです。

しかし、どうやれば楽しくなるのか？　どうすれば落ち着いて生活できるのか？　子どもたちの「もっとやりたい」「明日も続きがしたい」という気持ちを、どうすれば日々の保育に反映させることができるのかと考え、そして悩みました。

そこで保育計画の内容や立て方を見直し、毎日の活動やねらいを設定し、「言葉かけ」までを細かく書いていた「日案」から、幅をもたせた「週案」にしました。たとえば、日案を立てて絵画活動をクラス全員で一斉にしていたころは、描きたいという子どもの心を待たずに描かせてしまう危険性がありました。ところが、週案を立て、月曜日から金曜日までというように幅を持たせると、絵画活動の苦手な子やエンジンのかかりにくい子が描きたい気持ちになるのを待つことができます。友だちの描いている様子を見ることで、ゆっくりイメージを膨らませ「描いてみようかな」というように心が動いてから描き始めることができます。「今日がだめでも明日があるやん」と、子どもも保育者も心のゆとりを持って活動することができます。また、「明日も続きがしたい」という子どものためにも、日々のつながりを大切に柔軟性を持たせた保育活動ができます。

個人記録の見直し

個人記録も形式にこだわるのではなく、子どもの記録を取ることで保育者自身の気づきにつながるものにするためにはどうしたらいいのか話し合いました。そして、必ず毎日ではなく一週間で全員の記録が書けるようにしました。また、京都の泉山幼稚園を全員で見学させていただいた時に、園長（当時）の熊谷篶子先生から「記録がないのも立派な記録よ。その子のことをよく見られていなかったことに気づくことで、次の週はよく見るようにすることが大切よ」というお言葉もいただきました。個人記録も研修の記録も書いた内容と共に、何に気づくかという自分の振り返りを大切にし、保育に生かせるように心がけました。

1999年の日案（部分）

2月8日	保育案　　　ほし組		
3才児	男児 9名　女児11名　計 20名	担任	○○○○○
テーマ	お店やさんごっこ「ちびパンとほしぐみケーキ」		
活動のねらい	・自分達で考えて、作った物でごっこ遊びをする楽しさを味わう		

活　　動	留意点及び環境構成
お店やさんごっこをする ・自分の位置につく 　—開　店— ・お客さんに声をかけて商品を売る 　「いらっしゃい」 　「○○円です。」 　「おつりです」 　「ありがとう 　　ございました」 ・閉店する 　片づけをし、売れ残った商品を箱にまとめる ・話し合いをする 　「どれだけ売れたかな？」	・開店前に準備の確認をする。 ・売り買いの言葉を練習し、喜んでお店やさんごっこができるようにする。 ・子ども達の様子を見ながら、言葉がけ、援助をする。 ・自分の役割が出来ているかどうか見守り、必要に応じて声をかける ・全員で協力して片づけられるように言葉がけをする。 ・どれぐらい売れたか、お客さんに上手に声をかけられたか話し合う ［レジ／レジ／オーブン／ケーキヤ／パンヤ／トレー／入口の配置図］ ☆準備物 ケーキ、パン コック帽 オーブン ケーキの箱 ダンボール箱

現在の週案（部分）

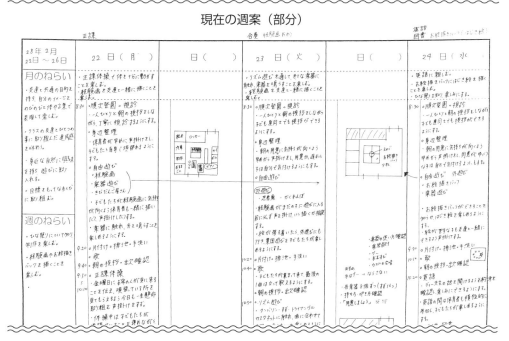

5　子どもから出発する保育へ

どう関わるかの前に、どんな子？

　このように、徐々に子どもの気持ちに寄り添い、「できる」ことよりも「経験すること」を大切にした柔軟な保育に変わってきましたが、同時に、どの時期にどんな経験が必要なんだろうという中長期の保育計画や教育課程のことが課題となってきました。しかし、その時期ごとにどんな経験が必要かを考える前に、3歳児ってどんな時期でどんな姿が現れてくるのか？　4歳児の姿は？　5歳児は？　ということが園として共有できていませんでした。

　そのころには、岡先生には年に4、5回は園に来ていただいて、様々な園内研修をするようになっていました。まず「子どもの姿や育ちを起点に保育を考えることが大切」ということは理解できるのですが、保育後にその日にあったことを他の保育者に聞いてもらったりしていると、担任が考えていた子どもの気持ちと他の保育者が見取る子どもの気持ちが違うことがよくありました。子ども一人ひとりをどんな視点で、どんな方法で見取ればいいのかを学びたいと思い、子どもの育ちの見取りに関しての園内研修を、岡先生のご指導のもとに実施することになりました。
　「公開保育ショック」からのここまでの約10年間に園の課題は、

関わり→環境構成→保育の計画→子ども理解

というように変化してきました。そして、面白いことにこの順序は保育の普遍的なサイクル（次頁図参照）を逆回りしていったことになります。私はその後、多くの園の公開保育に参加したり、園内研修に関わらせていただくことなりましたが、ひじりと同じような順序で課題が変わっていく園

1章　保育者主導の保育から、子ども主体の保育へ

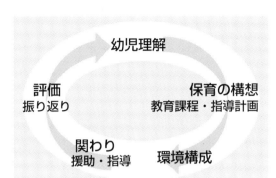

を多く見ました。一斉保育から子ども主体の保育に変わっていく過程である種共通しているのは、環境を工夫していくことから始めると、保育者が手応えを感じやすいということです。そして、最終的には子ども理解に行き着くのではないでしょうか。

　子どもの「今」、「ここ」の思いに寄り添い大切にすること、子どもを理解することから保育は始まるものであり、保育者の意図を一方的に押しつけるものではありません。また、目に見える「何かができる」こととして、安易な知識獲得のための早期教育等に向かうものでもありません。どのように関わるかの前に目の前の子どもの心持ちを理解すること、何が育とうとしているのかを見極めることから始まるもので、子どもが生来的に持っている自ら環境に関わって主体的に学ぶ力が発揮できるように環境を整え、状況に応じて関わり、振り返るという一連のサイクルを大切にしていくことが重要だと思います。

 園内研修を変える

公開保育を行うまでの研修の状況

　せんりひじり幼稚園には、50年前の創立当時からしばらくの間、園舎内に大学の研究室の分室のような部屋があり、大学生が出入りして研究の拠点となっていました。また、他の私立幼稚園の先生方も集まり研修会や研

究会などが開かれていました。

　1970年代後半から1990年過ぎころまでは、研修に対する意識は高いものの大阪府や豊中市の私立幼稚園団体主催の園外の研修へ出ていくいものがほとんどでした。内容的には絵画制作や音楽・リズムなどで、「子どもにどのように絵を描かせるか、歌唱指導をするか」といった、保育技術を身につけるものが中心で、一斉指導の中での保育者の関わり方が研修の中心的課題でした。園内研修というものはほとんどなく、外部の研修会に行ってきた保育者が研修報告の一環として、学んできた手遊びをみんなに伝えるといった、知識や技術の伝達が園内研修であったかもしれません。

・ビデオ研修

　1998年ごろに新任保育者の研修として、6月の参観日前に一斉保育の様子をビデオに録り、午後からみんなで見合いながら、気づいたことをいろいろとアドバイスをする試みが始まりました。その当時、新任は4歳児クラスを一人で担任するところからスタートすることが多く、日常の保育では同じ学年の先輩の姿を見て学ぶ機会が少なかったので、まず先輩の保育をビデオで撮って学び、その後に新任の保育をビデオに撮るということを3年ほど続けました。

　新任にとっては実際に先輩の保育を見て学べることや、新任が保育をしている場面を見て（共有して）から話し合うので、それまでの言葉だけのやりとりよりも実りの多いものになりました。それまでの話し合いでは、実際の保育の場面が共有できていないときに、先輩と後輩のイメージする状況が異なり、後輩が納得できるような話し合いは難しいものがありました。よく言うと「先輩が一所懸命指導する」、悪く言うと「先輩が後輩に自分のやり方を押しつける」ようなこともあったのですが、実際の保育場面をもとに話し合えることで、そのようなずれは少なくなりました。

　しかし、話し合う時になかなか意見が出にくかったり、本音の意見を言いにくいような状況は変わらず、けっきょくは順番に一人ずつ意見を言っていくような形式になりがちでした。また、話し合う内容も「どのように導入するか？」や「どのような言葉かけをするか？」という、関わり方や保育技術がテーマでした。たとえば6月の保護者参観日前であれば、子どもにプレゼントをつくらせるためにはどのように導入するか？　ということがテーマとなり、先生が一斉につくらせるために説明をしていく結果、

絵画や作品等はどうしても似たものになっていました。

公開保育でショックを受けた後の園内研修

　前述のように2000年の公開保育でショックを受けた後は、「仲間研」の先生方から「うちの園を見においで」という優しいお言葉をいただき、たくさんの園を手分けして見学に回りました。そこで得た感想を全体の場で報告してみんなで共有していくことにしました。

　実際に行ってみて、学びになることが多い反面、それぞれの保育者がそれぞれの園で様々な保育や理念を見聞きしてくることで、自園としてはどうするかが少し消化不良になっていきました。その一番大きな原因は、手分けして見学に行ったので、報告される保育場面や空気感が他の保育者に伝わってこないことにありました。その後、毎年６月の参観日の代休や創立記念日を使ってみんなで一緒に行くことになり、見学した園の状況が共通のものとなり、話し合う時に「〇〇幼稚園での見学の時の〇〇が……」というような話し合いが交わされるようになりました。

　公開保育後に園として真っ先に取り組まなければならなかったのは、子どもが主体的に関わっていく環境をつくる、具体的にはコーナーをどのようにつくるかでした。幸い、多くの園を見学させていただくなかで、園として取り入れやすかったのもその園の環境構成でしたので、試行錯誤しながら環境を変えて（つくって）いきました。園内研修も環境が話題になることが多く、従来から続けていたビデオ研修でも、保育室の中のコーナーを撮るという工夫をしていました。また、保育環境に詳しい講師の方をお招きしての園内研修も実施しました。

　そのように園内の環境づくりに試行錯誤していたころに岡先生とのご縁があり、園内研修に来ていただくこととなったわけです。

　岡先生との園内研修が始まって一番の変化は、私たちの悩みや課題を「子どもの育ちに視点を当てながら解決していく」ようになったことです。

　以下、それまでの園内研修との大きな違いをまとめてみました。

・子どもの姿から保育（環境・関わり等）を考えていく。
　「どう関わるかの前に、どんな子？」
・写真、ビデオ、エピソードなどの具体的な姿から考えていく。

・子どものできていないところ（課題）ではなく、その子のよさや伸びようとしていることから考えていく。
・それぞれの保育者が自分の思いを出し合って考えていけるように様々な手法や道具を活用して話し合っていく。

　岡先生に来ていただくようになってからの園内研修は、本当に学びの多いもので、子ども主体の保育に変えたいと願いながらも悩んでいる、全国の保育現場の先生たちにも聞いてもらいたい、自分たちだけで聞くのはもったいないと感じるほどでした。そんな思いもあったので、ある日の「仲間研」の例会でひかり幼稚園の平林祥先生に「ひじりの園内研修に来てみない？」と声をかけました。それ以来、ずっと私たちの園内研修に来て（付き合って）もらっています。今ではひじりの園内研修の歴史を最も知る人であり、私たちの学びを整理してもらったり、過去の園内研修について内部の私たちよりも、あるときは岡先生よりも（笑）よく覚えていてもらっていて、私たちの研修のサポーターであり、仲間です。今回も次章の園内研修の取り組みを再現する際に、力を発揮していただきました。この本を通じて私たちの学びをお裾分けできるのも平林先生のおかげです。

園内研修中の岡先生と園長

保育において「見届ける」（評価する）ということの意味

　子どもの「今」、「ここ」の思いに寄り添い大切にすること、子どもを理解することから保育は始まるものであり、保育者の意図を一方的に押し付けるものではありません。また、目に見える「何かができる」こととして、安易な知識獲得のための早期教育等に向かうものでもありません。どのように関わるかの前に目の前の子どもの心持ちを理解すること、何が育とうとしているのかを見極めることから始まるもので、子どもが生来的にもっている自ら環境に関わって主体的に学ぶ力が発揮できるように環境を整え、状況に応じて関わり、振り返るという一連のサイクルを大切にしていきたいと思います。

　（公財）全日本私立幼稚園幼児教育研究機構の研修研究委員長として、在任中に学校評価の課題に取り組まれていらした安達先生らしい、とっても大切な、しかし実際に実践するのは難しい言葉だと私は思います。なぜでしょう。

　先日、ある保育所の2歳児クラスで、写真を用いた園内研修を行っていた際のことです。その写真には水道の蛇口に石鹸のついた手をかざす女児Aと手洗い場のそばにいる男児Bが映しだされていた素敵な写真でした。

　2年目の保育士さんはこの写真を選んだ理由を次のように話されました。

　「この写真、Aちゃんが手を洗おうとした時、石鹸まみれになった手だったので蛇口をひねることができなかったんです。これまでだったらAちゃんは保育士に『できない』と助けを求めていたんですが、このときは保育士ではなくそばにいた子どもたちに向かって『できない』と言っていたんです。Aちゃん、私たちに頼らないで何とかしようとしてるんだな、と思って……。するとBくんが、蛇口をひねってくれました。このBくんは、どちらかというとこれまで他の子を押しのけて自分が先に手を洗うような子だったんです。でも、蛇口を開けてあげていて。それがうれしくてこの写真を選びました」と。

　この発言は、表面的に聞けば「自律」や「人間関係」に関する子どもの「育ち」を語っている場面に見えるのだと思います。ただ、私は気になったので次のように尋ねました。

　「そうでしたか。ところで、Aちゃんは石鹸まみれになったその手がきれいになったとき、どんな反応をしていましたか？　たとえばBくんに何か言ったり、うれしそうにBくんを見たりしていましたか？　あるいはBくんのほうはどうだったのでしょう？　Aちゃんの手を洗う様子をうれしそうに見ていたり、洗い終わったAちゃんの

ことを満足気に見るような姿はありましたか？」と。

すると……。残念ながら、その保育士さんはそうした様子を思い浮かべることはまったくできませんでした。実は、映し出された写真の、その後の様子を見ていなかったのです。

さて、この保育士さんは「子どもの『今』、『ここ』の思いに寄り添い大切にすること、子どもを理解すること」や「目の前の子どもの心持ちを理解すること、何が育とうとしているのかを見極めること」をしていたと言えるでしょうか。答えは「否」と言わざるをえないでしょう。なぜならば、その保育士さんが語れなかった（答えられなかった）子どもの姿の中にこそ、「子どもの育ち」を見極める「カギ」が隠されているからです。

小川博久（2000）は、援助論としての保育における「ねらい」（目標）は、原則的に子どもの「ねらい」を大人が、なりかわって立てたものであることを指摘しています。目標と評価が不可分なものとして存在する、という前提に立つのだとすれば、大人の考える「望ましさ」の場面で見ることを止めてしまうことはできません。逆に言えば、それが可能だとすれば、その場合の「ねらい」は、子どもの「ねらい」を大人が、なりかわって立てたものではないということに他なりません。なぜならば、その場面の子どもにとっての意味を問うことなしには「ねらい」が達成されたかを考えることはできないからです。

映し出されたその写真が、仮に写真としてどれだけ素敵なものであったとしても、保育者に「見届ける」（＝評価する）意識がない場合、そこには絶えず「保育者の意図を一方的に押し付ける」「目に見える『何かができる』」ということに陥ってしまう危険性があるといっていいでしょう。

安達先生の先に指摘にあった「目の前の子どもの心持ちを理解すること、何が育とうとしているのかを見極めることから始まる」は援助としての保育における「ねらい」の設定を意味していると言えます。また、「状況に応じて」という指摘は、「一方的」になることを注意深く排除した「関係的な視点」の強調だと言えるのだと思います。

子どもの「育ちへの意思」を大人の「ねらい」（目標）として位置づけ、その「意思」の実現プロセスを子どもの姿の中に「見届ける」（評価する）こと。この繰り返し（サイクル）を大切に実践することで保育の質を向上させていくこと。このあたりまえで、でもとても難しいことに真摯に取り組む。それこそが「評価」という課題にこれまで真摯に取り組まれてきた安達先生やせんりひじり幼稚園の先生方の園内研修なのだと私は思っています。

*小川博久（2000）、保育援助論、生活ジャーナル

2章

保育の見直しを支えた園内研修

教える保育者から、学びの保育者へ

「平林先生、今度うちで園内研修やるんだけど、よかったら来ない?」と安達譲先生に誘ってもらったのが、岡健先生を講師に招いて実施されるせんりひじり幼稚園の園内研修会に参加するきっかけでした。それ以来、7年以上にわたり、20数回の園内研修会にオブザーバーとして参加するなかで見てきた、せんりひじり幼稚園と岡健先生の園内研修の歩みの一端を私(平林)なりにまとめた形でお伝えいたします。

1 子どもを肯定的に見ていこう

子どもの成長と保育者の思い(ポジ/ネガの書き出し)

2色の付箋を使って、対象となる子どもやクラスのポジティブな姿(夢中になっていることや好きな遊び、育っているなと感じることなど)とネガティブな姿(クラスで気になっているところやどうすればいいのかなと悩んでいるところなど)をそれぞれ書き出していきました。そうすると、担任の保育者は、私たちが思っていた以上に、子どもをポジティブには見ていないことがわかりました。保育者、もっと言うと担任は、子どもを「育てないといけない」と考えがちです。つまり、育っていないところ・できていないところをなくしたい、マイナスである姿をゼロにしたい、と思いやすいのです。そうすると、育って欲しい姿(最終目標、ゴール)までの「足りない部分」に目が向いてしまいます。こうなると、いつまでもその子どもへの適切な対応を考えることができません。

一つは、保育者が「自分」が困っていることにしか目が向いていないときには、その子どもへの対応を考えることはできていない、ということです。なぜ自分が困っているかという理由を知るためには、その子どものことを理解しなければいけません。しかし、「困った、困った」としか言えない・書けない・思えないときには、保育者にはその子どものことが見えていないのです。子どもが見えていないときには、保育者は自分自身が

2章　保育の見直しを支えた園内研修

ポジティブな姿とネガティブな姿を色分けした付箋に書いて貼り出してみる

困ったと感じている理由が、子どもが育ったり変わる必要のある『問題』があるためなのか、子どもの自然な発達の姿のなかに自分にとって『不都合』と感じるものがあるためなのかがわかりません。それゆえ、子どもに働きかけるべきなのか、あるいは自分の捉え方を見直さなければならないのかがわからないのです。

　もう一つは、子どもの育ちの課題は、いつでも子ども自身が自らの力で乗り越えていくしかないということです。保育者は、それに寄り添い、手伝うことしかできません。
　たとえば、入園直後の時期にお母さんと別れることが不安だったり悲しくて、泣いたり不安定になる子どもは、周りの友だちを見てその一員になりたいと思ったり、なにか遊びを見つけるなどして落ち着くことがあります。そのときに保育者は、他の友だちがいるところに子どもを連れていくことや、そちらに興味を向けること、遊び場面を見せてあげたり、遊具を見せることまではできますが、そこから友だちの輪に入ろうとしたり、遊ぼうとするのはあくまでその子ども自身の力です。安定する力は子どもの内にあり、保育者は子どもがその力を発揮できる状況をつくってあげることで、子どもが安定することを手伝うのです。
　ですから、子どもの姿を「できない」「マイナス」としか見られないときには、その子どもにどういう力があり、どういう育ちをしているのかに目を向けられていないため、その子ども自身が課題を乗り越えることを保育者が手伝うことが非常に難しくなります。

31

ポジティブ（肯定的）に見る力を鍛える＝リフレーミング

　気になる子どもの対応を考えるときは、必ずその子どもの力や"らしさ"（＝発達、育ち）を見ていくことになります。だから、子どもをポジティブに見る視点を獲得する必要があるのです。
　岡先生は、私たちにこのようにお話しくださいます。

「子どもの育ちは前にしか進みません。子どもが、以前にはできていた何かができなくなったように見えるのであれば、それはそれまであった力が失われたり弱まったからではなく、子どもの中で何かが育ったからと考えるべきです。そして、今できない何かをできるようになって欲しいと思うのであれば、どういう力が身につけばそれができるようになるのかを考えるべきです。」

　たとえば、ある子どもがそれまでおとなしくイスに座れていたのに、部屋の外に飛び出すようになったとすれば、それはおとなしくイスに座る力が失われたり弱まったりしたわけではありません。「周りを見る力」がついて外にある面白いものに気づくようになったり、それまでも外に行きたいと思っていたけれど「実際に行動する力」がついたからかもしれません。もしまた部屋で過ごして欲しいと思うのであれば、「クラスのみんなと一緒にいたい」と思う気持ち（力）を育てることが必要なのかもしれません。
　このように、子どもの育ちを足し算で見ていくために、子どもを肯定的に見取るためのリフレーミング[1]の練習をはじめました。子どもの示す姿をマイナス視点から見るか、プラス視点で見るかで、印象が真逆になります。たとえば、「いろいろなものに気が散って、集中できない」という姿は、「たくさんのことに興味を感じている」あるいは「いろいろなことに目が向くようになっている」とも言い換えることができます。
　子どものできないことや課題だけでなく、やろうとしていること、育とうとしている力をたくさん見つけてあげることで、今育っている力をさらに伸ばしたり、次に育てたい力を伸ばしやすい環境づくりや関わりをすることができるようになります。また、ポジティブに見る視点を獲得して、子どもについて肯定的に話せるようになってくれば、ネガティブ面につい

1）（reframing）ある枠組み（フレーム）で捉えられている物事を、違う枠組みで捉え直してみること。

てもきちんと考えていけるようになります。逆に、ネガティブな視点で子どもを見て否定的に話すところから、ポジティブ面について考えることは、難しいと感じます。子どもを捉える視点が変わると、保育者のあり方が必然的に変わってきます。その結果として、子どもの姿が自然に変わってきます。岡先生から、そのように学びました。

１枚の写真から子どもの思いを読み取る

保育中にとった写真の中から１枚を選び、どうしてこの写真を選んだか話し合いをしました。かんたんに保育を語るといっても、日々の保育の中で子どもに寄り添いたいと心から願い、同時に自分の視点が独りよがりなものになっていないかに気をつけないと、子どもの育ちを見取ることは意外と難しいものでした。たとえば、左の写真は、年少１学期の様子です。まだ幼稚園に馴染めず、いつでもお家に帰れるように荷物をすべて持ったまま遊んでいる子どもがいます。しかしその中でも、保育者や友だちとの関わりをもとうとしている姿の写真です。右の写真は、年中１学期、遠足で見つけたハネアリにみんなが興味を示し、頭を寄せ合ってあーだこーだと会話をしている姿を捉えたものです。

荷物をすべて持ったままで

ハネアリを見つけて興味しんしん

職員間で話し合いをしていくことを通して、いろいろな子どもの見方を知り、毎日の何気ない子どもの姿からその時期の子どもの育ちを見取ることができるようになってきました。また、話し合いの中で同僚と子どもの育ちについて語り、分かち合うことを楽しく感じられるようになりました。みんなの目を通して、それぞれの子どもの成長をたくさんの視点から

認識するとともに、その時期にあった環境の構成や関わりを考えるようになりました。そして、子どもの1つ1つの行動を意味のあるものとしてとらえ、大切にすることができるようになってきました。

クラス運営をしながら全員に気を配り、一人ひとりの気持ちや思いを読み取ろうとする担任の仕事はとても大変なものです。保育者としての感性はもちろん必要ですが、この研修を通じて子どもの気持ちや思いを読み取るトレーニングもとても大切だということに気がつきました。

「ラーニング・スートリー」を活用して

ビデオを用いて、"子どもの見取り"にポイントをおき、明日の保育に生かせるように研修を行いました。子どもを見取る観点として、岡先生が提案してくださったニュージーランドのラーニング・ストーリーの5つの視点（P36参照）を使いました。

〈進め方〉

1. ビデオを視聴して、こんなところが育っている、こんな気持ちなんだろうなという見取りを1枚ずつの付箋に記入します。約束事として、「悪いところではなく、よいところを探しましょう」とあらかじめ共有しておきます。

2. ディスカッションをします。記入した付箋を示しながら、自分の見取りや思いを開示します。その後、「こんなことに気づいたんだ」「こんな見方があ

るんだ」など素直な思いを話し合います。各グループでは、話し合いの記録をとります。これは各グループの発表の時にホワイトボードに貼り、他グループの人から見て今何を発表しているのかをわかりやすくするためです。

3．各グループで話し合った内容を発表をします。

4．各グループでの話し合いの内容を踏まえて、もう1枚の付箋に「私が担任だったらこんなふうに関わってみたい」「みんなの話を聞いて新しく気づいたこと」を記入します。

研修後に、各クラスの担任の感想を聞くと、次のようなことがあがりました。

・保育を語る練習になる。
・自分の気になるところ（保育観）を中心に保育を見るが、他の先生の話を聞くことで、様々な視点を意識できるようになり、新しい解決策が見つかったりする。
・人に自分の気持ちを伝えようと言語化することでなんとなくしていたことや思っていたこと、自分の中でぼやけていたことがクリアになる。

　自分たちでこの方法を繰り返し行うことで、より幅広く子どもの見取りができるようになり、また、子どもを見る目を磨きたいと思うきっかけになりました。せんりひじり幼稚園では、もともと同僚間で話し合う文化があったので、一人ひとりが自分の見取りを率直に話すことができました。ビデオを用いた手法だと繰り返し研修を行うことができ、また、園で共に生活する子どもたちのことを身近に感じ、より自分や同僚のこととして考えられるようになるというメリットもあると感じました。子どもを有能な学び手として肯定的に見る、というラーニング・ストーリーの基本的な考え方は、懇談会など保護者との話し合いにも応用できました。メリットとして、小さな育ちに喜びを感じてもらえるようになることを実感しています。

子どもを肯定的に見るラーニング・ストーリーの5つの視点

①何かに興味を持っている

　子どもが、話題や活動、モノに興味や関心を示している場面。これまでによく知っているものに親しんだり、逆に初めて見るもの、経験することに関心を示したりしている時です。「なぜそれにこだわっているんだろう？」「どうしてそんなことをしているのだろう？」と子どもの気持ちを考えてみます。

②夢中になっている

　子どもが話題や活動、取り組みに熱中して集中力を持続させている場面。自分の置かれた環境や周りの人々に安心感や心地良さを抱きながら継続して取り組んでいる状態です。

③チャレンジしている

　子どもが、難しいことやわからないことに対しても諦めないで取り組んでいる時や、困難なことがあってもがんばっている場面。問題にぶつかった時も、方法を考えたり環境を変えようとしたりして、試行錯誤を繰り返しながら解決のために努力している状態です。

④気持ちを表現している

　子どもが、気持ちを表現している場面。ことばに限らず、絵や製作物、歌、仕草、文字、数字などの様々な方法によって、その子の思いがよく表わされている状態です。

⑤自分の役割を果している

　子どもが、友だちや保育者、家族と共に何かをしている場面。誰かの声掛けに応答したり、一緒になって活動に取り組んだり、他の子の手助けをしたりするなど、仲間やクラス、園や家族の中で自分の役割を果たしている時です。

〈継続的に作成した保育者の感想〉

　ラーニング・ストーリーを作成するまでは、子どもの気になる面ばかりが目についていました。みんなと一緒にやってほしいときにやってくれなかったり、一般的な発達に沿っていないと思うような出来事があると、「この時期にどうしてこれができないんだろう」と考え込み、「自分が悪いか、保護者が悪いか、どちらかだろう」と思っていました。

　しかし、ラーニング・ストーリーを作成するようになって、「どうしてできないの」とばかり考えていたものが、「いつか、できる」とか、「やろうという気持ちはあるんだし……」と思えるようになってきました。

　さらには、「マイナスが、本当はマイナスじゃないのかな？」「わがままやだだこね、いざこざにも、ちゃんとその子の理由や気持ちがあるのだ」と思えるようになり、ことば掛けも変わってきました。そうすると、周りの子どもたちからも、励ましや思いやりのことばが増えました。

　また、「この子は、何が好きなのかな」と推察してそれを伸ばしていこうとすることで、日常のささいなできごとが、継続した遊びに発展していくようになりました。

　以前は、「自分が遊びを育てなくては」と思っていたのが、何でもないようなことが他の子どもたちも巻き込んで遊びとして発展するようになり、保育がこれまでよりも面白くなってきています。

Carr,M.(2001).Assessment in Early Child Settings Learning Stories,SAGE,London 他

2章 保育の見直しを支えた園内研修

2 ひとりの子どもを理解する
〜マインドマップ〜

　保育者は、よくも悪くも子どもを自分の色メガネを通して見ることしかできません。だから、一人の保育者が多様な視点を身につけて、自分一人の力で様々な子どもたちをみな肯定的に見られるようになることは、とても難しいことです。そこで、同僚の先生たちの力を借りることになります。一人ひとりは自分の色メガネを通して見ていたとしても、それを持ち寄り共有できれば、たくさんの視点から見た子どもの姿を描き出すことができ、子ども理解は深まります。

みんなから出された見取りをマップにしていく

　この形式をマインドマップと読んでいます。図のように子どもの名前を中心に書き、その子の好きな遊びや行動（たとえば「すぐに手が出る」）、家庭環境（たとえば「妹が生まれたところ」）などなど、その子どもについて私たちが知っていることをすべて書き出していきます。そして、関連するものは線でつないでいくと、マインドマップは大きな木の枝のように広がっていきます。枝が広い範囲に伸びているほど、様々な角度から子ど

37

もを見たり、考えられていることがわかります。逆に、枝の伸びている方向が限られていれば、見られていない側面があるのではないかという保育者の気づきになります。

　各月カリキュラム会議2)の時には、気になる子どもを見取る手段として、みんなで意見を出しながらマインドマップを書き出しています。一人の子どものマインドマップをその子どもに関わる保育者みんなでつくることで、担任だけでなく他の保育者もその子どもを広く深く見ることができるようになりました。保育者みんなで子どもたちを見て、見た子どもの姿をみんなで共有することが習慣になることで、担任が見ていない情報がより入りやすくなり、さらにその子どもを深く理解することができるようになりました。

2) その月の子どもの姿を写真等で語り合いながら翌月の保育計画案（カリキュラム）を学年毎に話し合う。

マッピングを使って保育の手立てにつなげてみよう

　気になっている子どもがいて、その子どもについてもっと知りたいと思うときには、その子どもについて関係のある情報を書き出してマッピングしてゆき、どんどん広げていきます。そして関係のありそうな事柄をくくります。すると、それまで気づかなかったことが浮かび上がったり、関わりのヒントが見えてきたりしました。そこでの気づきや発見に基づいて、子どもへの関わりや保育室の環境を変えてみよう、という話し合いをします。子どものことが理解できてくると、関わりの工夫の仕方が見えてきて、"子どもが来るのが楽しい"と思えるようになります。また、関わりや環境を変えた後に、その子どもがどのような姿を見せるのかを見続けることが大事だとも教えていただきました。（P40事例参照）

「のせマップ」

　マインドマップは、子どもを理解する以外の用途でも使うことができます。たとえば、大阪府能勢(のせ)で行う宿泊保育の準備にあたり、年長の保育者で子どもが何をどのように体験できるかを書き出して「のせマップ」をつくりました。この作業は、担任保育者自身の整理になるとともに、同行する保育者たちと「子どもたちに宿泊保育で経験してもらいたいこと」や「その経験を通して育って欲しい姿」を共有して理解するうえでも有効でした。経験を積んだ保育者は自分の中にこのようなマップがあり、その場

その場で偶然に起こったことや出会った自然物等との直接的な経験を教育化できるのだと思います。そういった意味で経験のない若手の保育者には貴重な経験となりました。

このように、経験や活動を対象としてマインドマップを描くことは、プロジェクトアプローチの保育で計画を立てたり、振り返るときに多用される手法の一つです。このことを通して感じたのは、子どもをよりよく理解しようとする『幼児理解』と活動の展開を見通したり発展を促すために教材の特性や活用方法を検討する『教材研究』は、対象こそ違うものの、保育の過程の中では同じように大切なことだということです。

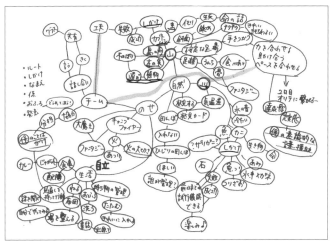

お泊まり保育の下見の前に、子どもたちに経験してもらいたいことを整理するために作成

マインドマップに取り組んでみて

ある子どもに対して、頭で思っていることを文字にして可視化することで、自分がどこまでその子のことを把握しているか理解することができます。でも、人によってマッピングの広がりに差が出るのも事実で、経験年数の多少に関わらず、「これであっているのか？」という不安や「別の見取り方もあるのではないか？」との迷いはあります。

実際には、マッピングする段階で"書きながら自分でよく考える"ことをしますし、"他の保育者から問われて話す"ことで、自分で思っているだけでは気づけなかった姿が、よくわかってきます。園内研修では、他の保育者の見取りがたくさん加わったり、参加者のみんなに細かく突っ込まれたことに答えていくことで、とても多くの気づきが得られ、そうやって"話す"ことの大事さを感じます。

話し合いが活発になると、思っていた姿と違う見方が出てきたり、別の課題が見つかることもありますが、話し合いの方向性をリードするファシリテーターの役割も大切だと感じています。

（下江聡子・木地優美）

【事例】Pちゃんのマインドマップ

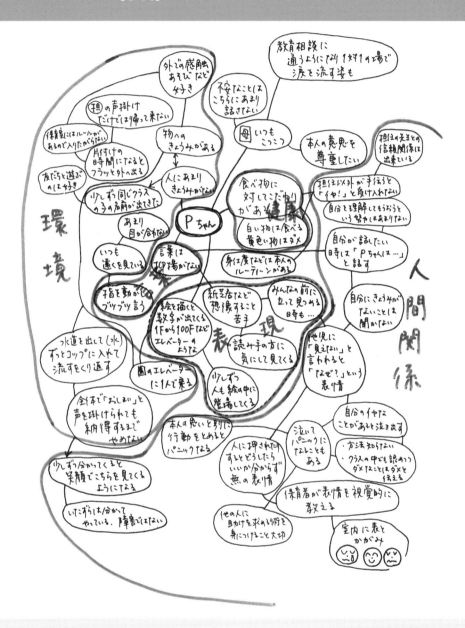

〈マインドマップから読み取れたもの〉
- 担任の先生と他の大人との間に対応の差が見られる。
  → 担任の先生との信頼関係はできている。
- 人との関係を嫌っていないが、「自分のやりたいように」でなければイヤ。
  → 友だちと遊ぶのは好き。保育室にはルールがあるので、入らない。

- 相手に合わせず、自分が好きなように話をする。
  → 自分を理解してもらおうという努力はあまりしない。
- 「ダメなことはダメ」ときちんと言われる経験が少ない？（親の関わりから）
  → 大事にされていることは感じられるようにしつつ、ダメなことはダメと言う（親）
  → クラスの中での行為をほめ、ダメなことをしたら叱る（保育者）
- 困ると、泣いてパニックを起こす。
  → 困ったときに、他の人に助けを求める術を身につけるのが大切。
- 過去の出来事を理解しており、再現/再演することができる。裏返すこともできる。
  → いたずらは、わかってやっている。障害ではない。

〈次に育てたいのは、「周りに合わせたくなる気持ち」〉

　着替えない子どもに「着替えなさい。やりなさい」と言っても、子どもは育ちません。他の子どもがお着替えしていてもPちゃんが気にならないのは、「周りに合わせたい」という気持ちが充分に育っていないからです。友だちと遊ぶのは好きだけれども、それは「自分がやりたいようにできる範囲」の中のことだし、自分を理解してもらえるように話をする、という姿も見られません（＝自分が好きなように話をする姿はある）。そんなPちゃんが「着替えたくなる」ために育ってほしいものは、「周りに合わせたくなる気持ち」です。「周りに合わせたくなる気持ち」が育つためには、Pちゃんに「みんなと一緒が楽しい」という経験をたくさんしてもらう必要があります。

　どういうことかというと、「みんなと一緒にいて、楽しかった」と思わない子どもは、周り（＝みんな）を見ないし、真似したいとも思いません。まだ周りを見ていない・見ようとしていないから、自己発揮をするなかで周りから浮いてしまうのです。

　みんなと一緒にいることが楽しい、という経験をたくさんするなかで、

＊合わせること、真似することが楽しい
＊周りと同じじゃないとイヤだ

という気持ちを育てることで、彼は自然とお友だちが着替えているときに自分も着替えたくなるようになるのではないか、と考えました。

　このようにマインドマップを使って、一人の子どもについて、知っていることや気になったこと、見たことをひたすら書き出していくことで、その対象についてできるだけ深く知ろうとしています。そのとき、たとえ自分が担任の保育者であったとしても、一人の人間が見たことや知っていることには限りがあります。そこで、たくさんの同僚の先生の力を借りて、幼稚園の先生全員で一人の子どもを見取ろうとしていくのです。

　子どもの具体的な姿や、子どもについて知っていることを書き出していくことで、必要な手立てを視覚的に彫り出していくことができます。

3 協働するための技法
〜ノーテーション〜

　園内研修や全体の振り返りなどのときには、大きな模造紙やA4版のコピー用紙などにマーカーで話し合った内容を書き出す「ノーテーション」を行うようになりました。ノーテーションが大切な理由はいくつかあります。

話し合いを可視化する。整理する

　言葉は流れてしまいます。子どもについて、保育について話していくなかで、話が盛り上がって本当に話したかった内容から逸れていったときに、「あれ、何の話をしていたっけ？」とわからなくなることがあります。話し合いの内容を文字化して紙に留めておくことで、話があちこちに散らかっても、「そうそう、この話をしていたんだね」とノーテーションした内容を見れば元の話題に戻ることができますし、逸れた話題が大事なものであった場合は「この話は大事だから、次の機会に話そうよ」と書いて残しておくことができます。

　また、頭の中で考えていることを頭の中だけで整理しようとするのはとても難しいことですが、文字にして見えるようにすることで、考えの整理がしやすくなる、ということもあります。付箋を使えば、意見や考えをくっつけたり、離したりすることで、頭の中ではなく紙の上で考えることができます。

　話し合った内容を明日の保育に活かすためには、整理をする必要があります。話し合いを可視化して、整理しやすくすることで、自分が何をすべきかということも整理されて、すぐに明日の保育に活かせるようになりました。

全員が一つのノートを共有して記録を残す

　以前は、話し合いに参加している全員が、それぞれ手元にある自分の個

人ノートに記録を書いていましたが、このやり方には問題点が二つありました。

　一つは、手元のノートに書く内容が、当然ながら人それぞれになってしまうことです。そのため、話し合っている内容についてお互いの理解や解釈がずれていて、実は話が噛み合っていなくても、誰も気づくことができず、指摘もできません。ノーテーションをして、話し合いに参加するメンバー全員が一つの同じノートを共有することで、

　「え、それはこういうつもりで言ったんじゃないの？」
　「そうだったの!?　私はこう思っていたよ」

と話し合っている内容についての理解や解釈がズレた場合でも、お互いに気づくことができるようになりました。頭の中でそれぞれに違うことを思い浮かべながら話し合うことが減り、スムーズにイメージを共有して話し合いをすることができるようになりました。

　もう一つの問題として、手元のノートは往々にして見返されない、ということがありました。せっかく素敵な話し合いがもてたとしても、その内容が見返されることがなく、行動に移されることがなく、保育に反映をされることがないとしたら、もったいないことです。また、個人のノートに記録を残す場合は、話し合いに参加できなかった人には口頭で話し合いの概要を伝えることしかできません。ノーテーションをすることで、全員が話し合いの内容を一つの共通の記録として持つことができるようになります。話し合いに参加できなかった人には、事後にノーテーションした紙を見せながら内容を共有することができます。また、その紙を職員室の壁に貼っておくことで、否が応でも目に触れることになり、振り返った内容を定期的に思い出したり、話しっぱなしで終わらずに実行に移すことができるようになりました。また、ノーテーションをしてとった話し合いの記録は、振り返ったことを煮詰めるときに、主任会議で話し合うか学年で話し合うか、または係で話し合うかなどを決める時の投票ボードとしても活用しています。

話し合いに集中できる

　ノーテーションすることと合わせて、岡先生には付箋を使って話し合う方法を教えていただきました。それまでの話し合いでは、順番に意見を言

ノーテーションする

書いたものを壁に貼り出しておく

うようにしたり、いろいろと工夫をしていましたが、

「自分の順番になったら、何を言おう」

「他の人が先に自分と同じことを言ってしまったら、どうしよう」

と不安が強く、どうしても自分が話す内容を考えることに囚われてしまいがちになっていました。そんな状態では、他の人の意見を集中して聞くゆとりを持てるわけもなく、結果的にうまく話し合いができない状況がありました。

そこで先に全員に付箋を配り、一人ひとりが自分の意見を考えて書き込む時間を充分にとったうえで、それを全員で共有する方法に切り替えてみました。そうすることで、自分の意見を考える時間と、他の人の意見を聞きながら話し合いの内容を考える時間とを区切ることができ、話し合いに集中できるようになりました。また、先に自分の意見を付箋に書いているので、他の人が自分と同じ意見を言ったとしても、堂々と自分の意見として発言できるようになりました。「一緒で安心、違うで成長」と言っていますが、他の人が自分と同じ意見を持っていることは安心できてうれしいですし、自分とは異なる意見を持っていれば勉強になってうれしい、と同じ意見を持つことも異なる意見を持つことも両方を受け入れられるようになりました。

先述したノーテーションによる全体でのノート共有と相まって、みんなが集中して話し合いに参加できるようになりました。また、自分の意見を考えることばかりに気が向いていたのが、他の人の話に聞き入り、共感するゆとりを持てるようになったおかげで、話し合いに集中できるようにな

りました。同じ一人の子どもについて話し合うなかで、「そうそう！」「そんなことを考えるんだ！」と相槌をうったり、共感できるようになったことで、ますます話し合うことが楽しくなり、話し合いが活性化しました。

肯定的な子ども理解

2節のマインドマップの部分と重なりますが、ノーテーションをすることで、いろいろな視点を持って、様々な場面を見てきた保育者みんなの意見を持ち寄ることで、子どもを多様な視点から捉えることができ、肯定的な子ども理解ができるようになりました。育とうとしている子どもをポジティブに捉えるうえでも、ノーテーションを取り入れたことは効果的だったと思います。

とくに、担任はどうしても自分のクラスの子どもに（愛しているからこそ）課題を見つけてしまいがちですが、いい意味で「他者」である同僚からの視点からその子のよさに気づき、肯定的に見ることができるようになることもありました。

また、愛しているからこそ肯定的に見ることが難しく課題を見つけてしまいがちになるのは、保護者も同様で、保育者は愛情を持った他者としてその子のよさを見つけ伝えていくことが使命であるとも思います。

子どもの姿を後ろから捉える
～エピソード研修～

　忘れたくないなと思うエピソードを記録してとりためて、エピソード記録を作成しました。それらを元に、子どもの「こんなところが育っているなぁ」と語り合う研修をしました。エピソード研修は、子ども同士のやりとりや、その場面のイメージが共有しやすくて、若いスタッフにとっても参考になることが多く勉強になりました。エピソード記録だけでなく、その場面を撮影した写真を合わせて持ち寄ることで、より具体的にイメージを共有することができます。

　岡先生がたとえ話で教えてくださった、倉橋惣三先生の「うしろ向き」という短言があります。

「わたしが子どもをじっと見るのは、その後ろ向きだ。……ただ、後ろ向きだけは、心をこめて眺めることができる。（略）前に回っても見たいが、目をあわせては、その無心を紊（み）だすおそれもある。せめては横顔をとも思うが、いいえいいえ、そっと、しかし、じっと、うしろから眺めさせて貰っておこう。そこでは、子どもの心の動きに、ただ同じ方向にのみ追随していることもできるのであるし。」（『幼児の教育』第38巻第12号）

　前に回って見ることはできない、横から覗くこともできないけれども、うしろから確かに感じることのできる子どもたちの心の動きを、エピソード記録という形で残すことができます。

　何かの記録をとるときは、それがその子どもにとってどんな意味があったのかを理解することが大事だと教わりました。保育者が「あっ」と思ったエピソードは、子どもたちが今育とうとしている姿につながることが多いので、それが一見ポジティブなものではなくても、残しておくことにしました。出されたエピソードから、それぞれの子どもについて何が読み取れるかを、付箋に書き出して共有します。子どもをネガティブにしか見ら

れていなければ問題がありますが、みんなで共有することで様々な視点が得られ、ポジティブに子どもを見ることを担保しています。同じエピソードでも、様々な見方があることを実感していくなかで、子どもへのまなざしの向け方が肯定的なものに変わっていきました。記録者の視点が変わると、出されるエピソードの質も変わってきます。

　エピソード研修を続けていくなかで、エピソード記録は、各学年やクラスの共通項を描き出すのにとても役に立つことがわかってきました。保育者がどのエピソードを書くかを選ぶ際に、クラスでよく見られる姿や育っていると実感する場面を選びます。それは、そのクラスの多くの子どもたちが見せる育ちや、学年全体に共通して見られる育ちだったりするのです。エピソード記録を続けるなかで、「うちのクラスでも、そういう姿あるある！」と共感し、その時期の子どもたちの育ちを捉えることができます。

　一方で、自分のクラスや学年に共通する一般的な姿を語ることで、一人ひとりの子どもの姿を拾いあげることに難しさを感じました。エピソード記録は、その場面を書くことを選んだ記述者の思いが反映されるのがいい点ですが、逆に記述者の思いが反映されすぎる危うさもあります。大きなナラティブ（物語、筋書き）が決まっているので予定調和な内容になり、実際には起きたことでも辻褄の合わない矛盾情報は取り除かれてしまうことがあります。先述したように、子どもへの手立てを考えるためには、一人の子どもの育ちや発達を丁寧に見ていく必要がありますので、「何を言ったか」だけではなく「どのように言ったのか」を見ていくなど、より詳細に子どもを見ていかなければなりません。

【事例】エピソード研修 「カタツムリの事例」

[イントロ]
岡：今日は、前田先生の事例をとりあげてやってみましょう。短い事例なので、まず3分くらいで読んでみてください。[3分経過]

（記録者　前田早智江）

日時：平成23年5月12日（木）
　　　午前10：10～
場所：ばら組の保育室内、虫コーナー
状況：クラスで飼っているかたつむりを出し画用紙の上を散歩するのを観察していた。

エピソード
H「みてー落ちひん！」（画用紙を逆さまにしてもひっついているかたつむりに驚く）
　（M、A児達と保育者が見に行く）
M「ほんまやー！」
保「なんでかな？」
M「べたべたしてるからちゃう？」
　（J、S児も見に来る）
H「ほらみてー！」
　（また画用紙を逆さまにして見せる）
J「体ぺったんこになってるねー！」
H「何これ？」
　（画用紙の上にかたつむりのうんちを発見するが、何なのか気づいていない様子）
保「何か、お腹の下から出てきたね！」
A「何それ？」
S「にんじんみたい！」
H「にんじんや！」
保「でも、形が変じゃない？」
H「ほんとや！　なんでやろう…」
　（図鑑で調べる）

S「うんちって書いてあるよ！」
H「にんじん食べたら赤いうんちするって？」
S「じゃあ、うんちじゃない？」
H「にんじん食べさせてみよう！」
　（にんじんを食べさせようとする）
S「食べないね…」
H「うんちじゃないのかな…（触ってみる）ぬるってする！！」
S「やっぱり、うんちじゃない？」
A「うんちだよ」
H「家（虫かご）の中にもあるよ！」
S「このかたつむりお腹についてる！」
H「うんちしてるんかな…」
S「うんちしてるんや！」

岡：前田先生、もう少し解説してください。
前田：Hくんがカタツムリに興味を持って何日も前から見ていました。数日前に雨が降って活発にカタツムリが動き出したので、にんじんなどをあげたりしていました。Hくんがカタツムリをお散歩させている様子を観察していました。棒にひっつけてカタツムリが落ちないのに気がつきました。私も声をかけるところ、かけないところに気をつけながら様子を見ていました。子どもたちが考えたり、子どもたちから声が出ていたので年長ならではだなと思いながら見ていました。
岡：どんなところでそう思ったの？
前田：自分たちで「こうなんじゃない？」「違うんじゃない？」と話しだして、図鑑でうんちの形など調べていた子どもたち

の会話、姿ですね。そのメンバーが集まった時に、もっといろいろ気づいてほしいと思いました。

岡：声をかける、かけないというのはそこで思ったんですね？　他の先生で、この事例について聞いておきたいところは何ですか？　では、それぞれ気づいたことを書いてもらっていいですか？

［同僚の意見］

谷：子ども同士のことばから、カタツムリの性質について気づいてるのがわかる。つぶやきを返してくれる友だちがいて、子ども同士の関わり、同じ目的で会話ができる、一緒に考えられてる。5歳のコミュニケーション能力が育っている。

鍛冶：一つのことをみんなで話し合えるようになっている。不思議への興味が出てきた。保育者の声かけから話が広がっている。

中島：答えをすぐに出すのではなく、みんなで考える時間を大切にしている。

原田：カタツムリの体がどうなってるのかもっと知りたい気持ちを持っている。保育者の声かけから話が広がっている。うんちが赤色ってわかったときの驚きと信じられない気持ちが出ている。

鍛冶：Sくんはよくまわりが見えている。図鑑を見て発見している。

原田：Hくんの画用紙を逆さまにする考えにびっくり。関わりが多かったからか。保育室の環境、ゆったり観察できる環境がいい。

前田：Aくんは友だちの近くで会話を聞いていて、「何それ？」とうまく相づちを入れている。

足高：そこまで話がもりあがったのは、ベストなメンバーだったからか。

岡：補足ありますか？　さっき言えてないけど、今気がついたことありますか？
　　ここで出てきた意見をノーテーションの人が整理してください。大変な作業だよね。

［論点整理］

下江：いま出た意見をまとめてみると、

探究心…子どもたちがカタツムリをもっと知りたいということを想像だけでなく図鑑を見たりしている。

言葉のやりとり…子ども同士でつぶやきをひろっている。保育者が会話を聞きながら声をかけている。

カタツムリ…虫に関しての興味がある人たち保育室の環境がよかったから、など。

［子どもの育ちを見ていく］

岡：まずは、子どもたちがどんなふうに育っているのかを見ていきましょうか。Hくんの育っているところ、彼のよさってどういうところかな？

前田：思ったことを言葉に出します。「先生なに？」ってすぐに言いますね。

岡：思ったことを言葉に出す。そうだね。「みてー落ちひん！」「にんじんや！」「うんちしてるんかな…」。それから？

前田：いろいろ試したり、すぐにやります。

岡：不思議だなと〜思ったら図鑑を調べたり、にんじんを食べさせようとしたり、うんちを触っているね。
　　Sくんは、はじめは発言がなくて、Aくんが「なにそれ？」と言ったり前田先生が働き

かけてから「にんじんみたい」と「うんちじゃない?」と言ってるね。Sってどんな子?

前田：興味がないことは知らん顔で、興味のあることはぐっと入り込みますね。

岡：仮説を追究するタイプみたいだよね。Sくんが興味のあることに対して仮説を持つと、「じゃあうんちじゃない？ やっぱりうんちじゃない？ うんちしてるんや！」とすごくノッてくる。ハマると意見をバンバン言うタイプだよね。

それに対して、Aくんはポツポツ「何それ？」「うんちだよ」。この発言に対して、前田先生は『Aくんは…うまく相づちを入れている』とコメントされました。Aくんはあまり発言していないけど、前田先生の記憶に残ってるんだよね。なんで？

前田：まだ保育者から離れられなくて、私についてベタベタしてきます。虫にはあまり関心がないけど、私がいたからその場にいたって感じで…

岡：Aくんは、カタツムリそのものには興味がなくて、そのやりとりには興味がある。相手が答えやすいような返しをしてくれるような気がするんだよ。前田先生が、誰か発言してほしいなというタイミングで、「何それ？」「うんちだよ」と的確に入ってきて押さえをしてくれる。この一連のやりとりがうまく成立したのは、前田先生とAの働きかけがあったからだと感じていたから、Aを意識したんじゃないのかな？

[このエピソードが成立する背景]

岡：こういった探究の姿は、年長の6〜7月によく出てくる姿だと思っています。探究心は一人のものではなくて、探究心だけが深まっていくなんてありえないんです。「あいつといると話しやすい。あいつといると面白い」と一人ひとりのよさに気づいていくプロセスがあり、人とのやりとりの力も深まっていきます。

Hくんは、じっくりと「なんで？」と物を見たいと思っていて、人との関わりはなくてもいいから、一人で黙々とやりたいと思っている。でも、彼の中の力だけではいろんなことに気づくことは難しいのかもしれない。その時にSくんや先生から「こうじゃないかな？」と投げかけがあると、「えっ、何でだろう？」とHくんの学びが深まる可能性はあるよね。

後半にSくんが「にんじんみたい！」「うんちって書いてあるよ！」「このかたつむりお腹についてる！」「うんちしてるんや！」とダーッと話し出す姿があります。興味にはまったら、次々と思考が進んで仮説を立てられる頭の回転が速い子どもなんだろうなって思う反面、自分がわかっちゃったらスーッといなくなってしまう一匹狼になるかもしれない。そこにAくんが的確にポイントを押さえる発言をする。

今回のエピソードで話がトントン拍子に進むのは、Hが踏み止まってじっと見つめ、Sは仮説を立て、実際にやってみて、たまにAが要点を押さえる。そんなことで成り立ったんだろうなぁ、と思います。探究心を持続させないと、やりとりは膨らみません。たぶん、この活動を持続してくれるのはHかな。Sはすぐいなくなるし、Aはや

りとりを楽しんでいるけどカタツムリには興味がいかない。カタツムリの活動は、Hくんがキーマンで、じっくり見ながら色んなことを言ってくれるんだと思います。

[明日の保育につなげる]
岡：にんじんを食べたカタツムリから赤いうんちが出たことに、きっとHは興味がある。前田先生がドキュメンテーションをつくると、それを見て「緑のものを食べさせたら、緑のうんちが出るかも」と思うかもしれない。それが探究心だよね。食べたものがうんちになるまでを、自然科学館の学芸員みたいな人に話してもらうと、きっと何人かの子どもが「わかった！」と動き出してくれる。それで家族に聞いたり、外で調べたりして、新しい情報がどんどん園の中に入ってくる。他のことで言うと、カタツムリを散歩させるのが、画用紙じゃなくて板ガラスのような透明なものだったら、「どうやって動いているんだろう？」と思うかもしれない。比較できるように、ナメクジも飼ってみたら、「動き方は同じかな？　違うかな？」となったりする。活動として、今後どんなふうにつなげていきたいのかと考えるときには、前田先生自身がどこらへんをどうすると面白いと思っているのか、あるいは子どもたちはどう思っているのかが大事になってきます。

[保育者の役割]
岡：この事例を使って、この次をどう考えていこうかとなった時に、前田先生は自分が声をかけるか、かけないかという判断が難しいと話していました。この事例では、「何か、お腹の下から出てきたね！」と先生が話したあと、A「何それ！」S「にんじんみたい！」と仮説が立ちましたね。続いて、Hが「にんじんや！」と言うが、仮説を立てたわけじゃなくて、Sの発言を受けて思考が始まったんだよね。前田先生がなぜこの場面で入ったかというと、Hは「なにこれ？」と言うものの、それ以上には深まらないだろうと思っていたからだよね？

前田：もっと声をかけてあげるべきだったなと思います。気づいて欲しいこととかをよく考えて。

岡：Hに声をかける以外の選択肢として、「なにこれ？　ねぇ〜、Sはどう思う？」とSに話を振るという手法もあります。そうすると、仮説を立ててくれやすいSは「なに？」って必ず入ってくるよね。Sが話し出してヒートアップしてきたら、Sの独りよがりにならないように「そうかな〜」とAに話を振ったりして、適度にブレーキかけて他の子どもがやりとりに参加できる余地を残してあげる。

　5歳で実際に保育を営むとき、個に働きかけるのでは育てたいものが充分に育たない。Sが育つためだけにSに話を振るわけではなくて、Sに話を振ることでHが育つ。Sも育って、Hも育つ、という働きかけをするのが5歳の先生の特徴かな。難しいですね。つまり、誰にむけて何を語るのか？　当然、メンバーが変わると、このやりとりは変わります。そうすると、そのメンバーの子たちがどんな子どもなのかをしっかりと理解しておく必要があります。

まるで魔法のようだといつも驚嘆します。岡先生は、私たち保育者が見たり、感じたり、考えたり、知っていることを聞き出して、それを書き出し、整理して、つなげ、子ども理解や保育者の次の手立てに導いてくださるのです。

　一人ひとりの子どもをさらに詳しく見ていくためには、子どもの行動や発語だけでなく、言い回しや仕草、「間」といったより細かな状況描写を引き出す必要があります。そのためには、ファシリテーションの技術を学ぶ必要がありました。ただし、ファシリテーターと保育者の間に信頼関係がないと、「どうしてそう思ったの？」「なんでそうしたのかな？」と詰問されているように感じてしまう危うさがあります。

　そこで気づいたことは、せんりひじり幼稚園が醸成してきた、保育者が安心・安全な感覚を持って自分らしくいられる風土の貴重さです。その風土・雰囲気を土台とした同僚性が、一人ひとりの子どもを見ていくうえで欠かせないことがわかりました。そして、みんなの思いや経験や智恵を活かすためには、ファシリテーションの技術が必要だったのです。

5　話し合うための技法
〜ファシリテーション〜

　いい話し合いをするためには、みんなの意見や考えを引き出し、話の流れをイメージし、舵取りを進めていく役割が大切であることを岡先生に教えていただき、交代で、ファシリテーションの練習もしてみました。マインドマップやエピソード研修を通して、多様な視点・肯定的な視点を持って子どもを理解して、その子どもの実態に合わせた対応や活動を考えることを大切にしていますが、それらの話し合いではファシリテーターの進め方によって話し合いの内容が変わってくるので、責任重大です。

　ファシリテーターは、もともとは人間関係トレーニングにおける教育スタッフのことを指し、日本では環境教育やまちづくりの分野で浸透し、近年は会議ファシリテーターなどとしても認知されてきています。ここでは「難しく考えていることを解きほぐすことで、チーム内での対話やメン

バーの理解を促していく」に近い意味でファシリテーション／ファシリテーターという言葉を捉えています。

ファシリテーターにできることを、整理していました。

1）話しやすくする

話し合いをするときに、参加者が話しやすくなるようにする、というのはあたりまえのことのように思えますが、ファシリテーターの大切な役割です。

「何」について「どういう目的」で話すのかを示して、話し合いの意味づけを明確にすることも、話しやすくする一つの方法です。また、付箋を配って先に意見を書いてもらうことで、考える時間と話す時間、聞く時間を分けることで、話し合いに集中することができます。考えながら話すのが得意でなかったり、自分の意見に自信がないときには、自分のことで頭がいっぱいになって、他の人の話を落ち着いて聞くことが難しいことがあります。あらかじめ付箋に意見を書く時間をとることで、落ち着いて話し合いに参加できますし、他の人が先に同じことを言ったとしても、自分が書いた意見を話すときには「真似をしたわけではないですが、同じ意見です」と自信を持って話すことができます。

ノーテーションの項でも書きましたが、付箋に加えて、模造紙やホワイ

自然に発言できるようになりました

以前の会議（研修）では、"何か発言しなくっちゃ"と構えがちでしたし、中心となって話をすすめていくのが、経験年数の長い人になりがちでした。付箋を用いたり写真をもとに語ったりする方法は、意見を言いやすく"参加できてる"と実感できるようになりました。

それまでは、考えながら、聞きながら、書きながらと、話題についていくことに必死になっていたのですが、みんながそれぞれ平等に発言できる場に変わって、以前ほどの構えや緊張がなくなりました（ファシリテーターの役割をする時は、違った緊張感がありますが）。

自分が選んだ写真や、付箋に書いたことを話すのは、経験が浅い人でも話をしやすく、発言の機会を自然ともつことができるようになりました。これからも、ほどよい緊張感と話しやすい雰囲気で、情報の共有や課題の解決法を見出せるようにしていきたいです。

（南彩）

トボードを利用して話し合いの内容や流れを文字や図にして残しておくことも、話し合いを円滑にする方法の一つです。言葉は流れてしまうので、板書して構造化・固定化することは有効です。また、話した内容が可視化されることで、考えを整理しやすくもなります。

　お菓子や飲み物を用意するのも、ちょっとしたことですが、大切なことです。熱心に頭を使った話し合いはとても疲れるので、少し甘いものを口に入れることでうまく考えをまとめることができたり、ほっと一息ついてお茶を飲むことで、場の雰囲気を柔らかくすることができます。

2）仕掛けをつくる

　みんなが話をしやすくしたうえで、ファシリテーターは話し合いが進むように仕掛けをつくります。この場合の進めるとは、「子どものことを話そう」「このとき子どもは何を考えていたのか知りたいなあ」と思って始めた話し合いが、堂々巡りに陥ったり、もとの目的から脱線して迷走したときに、もともと話したい、知りたいと思っていたことへとうまく導くということです。

①具体的な情報をたくさん集める（情報を引き出し、広げる）
　１）で話しやすい環境や雰囲気をつくったうえで、知りたい子どもや活動、環境についての具体的な情報をたくさん集めます。ここでは、マインドマップ（P37）やノーテーション（P42）などの技法を用います。参加者が話してくれた情報が抽象的だったり、何か一部が欠けていると感じるときは、

「たとえば具体的にはどんなことがある？」
「この部分をもう少し詳しく教えてくれるかな？」

と問い掛けて、不足した情報を引き出します。
　一人の子どもをより細かく見取り、感じられるようになるほど、細かな変化が捉えられます。変化に気づくからこそ、その後の見通しや期待が持てます。細かな詳細を引き出すために、ファシリテーターは「どんなふう

だったの？」「もっと詳しく教えて？」と深くツッこむことになりますが、「これは粗探しをしているわけではないよ」「あなたを詰問しているわけじゃないから」とファシリテーターと話し手が信頼感と相互理解を持っていることが大切になります。より細かく情報を得ていくことを、私たちは『砕く（くだく）』と表現しています。

②集めた具体を区別する（情報を整理する）

　たくさん集めた情報の中には、実際に見られる子どもや活動の実態の他に、保育者のねらいや具体的な対応などが混ざっていることがあります。マインドマップやノーテーションで意見を整理する際に、これらを区別して書き分けていきます。また、類似した情報同士をグループに分けたり、関連する情報のつながりを図示するなど、情報同士の関係も整理します。

③集めた具体を、抽象化する（情報を束ねる）

　「たとえば…」（具体例）をたくさん並べると、「ということは…」（抽象化）がわかってきます。これは、頭の中だけでやろうとすると大変な作業で、マインドマップやノーテーションを使って情報を可視化することで少しやりやすくなります。具体的な情報を集めたり区別することに比べて、それらを束ねて抽象的な言葉に昇華させていくこと（『括る（くくる）』と表現しています）はとても難しく、はじめは岡先生がまるで魔法を使っているように感じました。しかし、研修を重ね、ファシリテーションの経験も重ねていくなかで、私たちにも少しずつできるようになってきました。

3）「なぜ」に目を向ける
　　（ねらいや課題、理由を見失わない。言い換える）

　保育者は、「何を」「どうやって」という手立ての話から入りがちです。たとえば、作品展に向けて、年少にどんな作品を、どのようにつくらせればいいのか、というものです。その一方で、「なぜ」「どうして」というねらいは置いていかれがちです。今、実際にどのような子どもの姿が見られるのか、そこから読み取ることのできる育ちや力はどのようなものか、そのうえで何を育てたいのか、といったことに目を向けることは、ファシリ

テーターの役割の一つです。先ほどの例で言うと、今の子どもの実態はどのようなもので、作品展に至る活動を通して何を育てたいのか、ということです。

　ある園内研修の事例では、年少の子どもたちのこんな姿が見られました。

- いろいろなものを「つくってみたい」という意欲が感じられる。
- 園庭で集まって、わらわらしている。
- 着替えや食事など、身辺自立がしっかりとできてきた。
- 馴染みのある手遊びのペースを変えたりすると、とても喜ぶ。

　ここからは、身体的に、あるいは言葉やリズムを通して、他の友だちと共鳴する子どもの姿を見取ることができます。それは言い換えると、他の人と同じであることを楽しんでいる、あるいは真似ることを楽しんでいるとも捉えられます。
　そこで、

「作品展を通して子どもたちの『つくりたい！』という思いを実現することで、何を育てたいのか」

とファシリテーターの岡先生が問い掛けたときに、

- つくる技術の習熟や「つくれた！」という達成感を味わうこと
- 出来映えのよい作品をつくること
　（それ以上に）
- 友だちとのつながりや人と一緒にいることの楽しさを経験して欲しい

という保育者の願いが明らかになりました。そこで、「他の人と合わせる」経験をするための作品づくりであるならば、無理に一人ひとりの個性を表現した作品を求める必要はなく、むしろ他の友だちと同じものをつくれるように、素材や道具を用意すればいいのではないかと次の手立てが見えてきました。

どうしても保育者は、「どうすればいい？」と手立てを先に考えようとしてしまいがちになりますが、その前に「今、子どもはどんな様子か」「その姿を見て、あなた（＝保育者）はどのような姿が見たいと思っているのか」という、その保育をする理由や根拠、必然性に目を向ける必要があります。ファシリテーターは、見失いがちな「なぜ」に目を向けてくれるのです。

　また、そもそも保育者がなぜある子どもを選ぶのか、ある活動を選ぶのかという選択の理由の「なぜ」に目を向けることも大切です。「何を言っているか」よりも「なぜそれを言っているか」を聞くことで、その保育者にとっての現在の課題が浮かび上がることがあります。

　なぜその話をしたいのかという理由がわかれば、それに沿って話を進めることができます。そのためには、話し手の話したことを言い換えたり、問い換えをするなどして、保育者が何を／なぜ気にしているかを明らかにできればと思っています。

4）解釈を広げる（補助線を引く）

　私たちは、実際の子どもの姿をたくさん集めて、その子どもの気持ちや育ちをできるだけ理解しようとしています。ただ、実際には保育者は子どもとは違う人間なので、理解したいという想いはあっても、本当の本当に理解しきることはできません。だからこそ、子どもが安心する姿や熱中する姿、つながる姿を見つめ続けて、よりよく理解しようとするのです。

　そのときファシリテーターは、実際の子どもの姿から、想定できる解釈（可能性）をできる限り引き出そうとします。岡先生がよく出される例をあげると、たとえば年少男児が砂場のへりで型抜きをしているとして、その遊びの何に面白さを感じているかには、幾通りかの可能性が考えられます。その子どもは、型をとった砂の塊を何かに見立てて遊んでいるかもしれないし、うまく型を抜くというその動作や感触自体に面白さを感じているかもしれません。現象としては同じ「型抜き」でも、それをする子どもの「理由や原因」が異なれば、当然それに応じて保育者がとるべき手立ても変わってきます。ファシリテーターは、実際に見えている現象に補助線を引いて、その裏に隠れているかもしれない理由や原因の形を一緒に探る

のです。

　可能性は広げるだけではなく、最終的には狭めて、明日の保育でどういう手立てをとるかを決める必要があります。そこで、想定した可能性のうちで、どれが最もありそうかを考え、それに合わせた手立てを考えていきます。

5）振り返る、検討する

　いくら子どもの姿をよく見て、たくさんの視点から検討したとしても、子どもと保育者は別々の人間なので、よくも悪くも子どもを自分たちの色メガネを通して見ることしかできません。だからこそ、正しい見方を探っていく以上に〈仮説構築→環境構成→援助〉の振り返りをきちんとすることが大切になります。

　『保育と仲間づくり研究会』のスーパーバイザーの菅野信夫先生（天理大学）がおっしゃった言葉ですが、「答えは、子どもが持っているよ」というのは一つの真理で、手立てとして構成した環境や実際にした援助に対して、子どもがどのように反応するかが、私たち保育者にとって答え合わせになります。

　子どものことをよく見取り、いろいろな手立てをとり、振り返ることを繰り返していくと、子どもを見る精度が段々と上がってきます。そうすると、手立てが「外れる」確率は減っていくだけではありません。「当たる」ときも、単に当たり／ハズレと感じるのではなく、「50％くらい当たったな」「今回は70％も当たったわ」と段々細かく判定ができるようになってきました。

6）できることをする

　岡先生に継続的に講師兼ファシリテーターとして園内研修に来てもらうなかで、岡先生がいない普段の会議や打ち合わせ、振り返りのときにも、自分たちでファシリテーションができるようになりたいと思い、少しずつ経験を重ねました。話しやすい雰囲気をつくったり、付箋や模造紙とマーカーを使ってノーテーションをしたりしながら、マインドマップづくりや

エピソード研修を続けていきました。

　具体的な情報を集めたり、それを区別したり、整理することは比較的上手にできましたが、それを『括って』抽象化したり、適切な問い換えをして「なぜ」を見直したりすることはとても難しく、なかなかうまくできませんでした。

　そんなとき、「ファシリテーターとして私たちは何をすればいいですか？」と岡先生に尋ねたときに、「できることをすればいいんだよ」とおっしゃってくださいました。保育者の誰もがいいファシリテーターにはなれないとしても、きっといい発言者やいい聞き手にはなれる。自分が感じたことを発言したり、自分が気になったことを質問したり、はりつめた場の雰囲気を和らげたり、一人ひとりの保育者が自分にできることをして、チームに貢献していけばいいのだな、と安心しました。

「岡先生みたいにできない！」

　岡先生に研修に来ていただき、個々の保育者が自分の保育の課題や悩みを相談して、その解決を一緒に考えていただくようになりました。

　しかし、いつも岡先生が園におられるわけではありません。日々の保育の課題や悩みを自分たち自身で話し合い、解決できるようになりたいと考えるようになりました。

　岡先生が来られた時の園内研修では、事例を出す若手の保育者（その課題を解決したいと願う保育者層）と、その時の岡先生の振る舞い（ファシリテーション）に注目する主任や学年主任などの中堅保育者（課題の解決方法を学びたいと願う保育者層）の２つの層が重なり合いながら学ぶ姿がありました。

　しかし、研修を終えた後は、課題を解決したい層の保育者はすっきりしているのに対して、課題の解決方法を身につけたい層の保育者は、はじめのころ、岡先生のファシリテーションをよく見るほどに「岡先生みたいにできない！」と思われるのです。せいぜい「（意見をたくさん）散らけるのだけはうまくなりました」という具合でした。

　岡先生が「ファシリテーターは育てることができない。生き残ったものをファシリテーターと呼ぶ」とおっしゃるとおり、私たちはひとつひとつ園内の様々な場所で、様々な手法を駆使して経験を積み、慣れる（チャレンジを続ける）しか方法はなかったのかもしれません。各学年のリーダー達が集まる毎月の主任会議でも、模造紙や付箋等を用いるようにしていった結果、各学年でリーダーがファシリテーターとして振る舞うとともに、その手法は年長児を中心として子どもたち同士の関係においてもマップ等の手法が使われ、このごろようやく園の文化になってきたように思います。

（安達譲）

おまけ）同僚性（一緒にやる）

　ここまで、ファシリテーションやファシリテーターとして学んできたことを書いてきましたが、その前提として、せんりひじり幼稚園の保育者・職員同士の同僚性があります。同僚性は「保育者同士が、互いに支え合い、高め合う関係」などと定義されますが、岡先生からはもう少し具体的な形で示唆をいただいています。

　それは、子どものことを理解しようとしたり、そこから保育を構想していくときに「どうする？」と無責任な傍観者として尋ねるのではなく、一緒に取り組む当事者としての姿勢を見せたうえで尋ねること。あるいは、うまくいく保証がないなかで「とりあえずやってみなよ」と後押しするときに、「失敗しても、見捨てないよ。そのときは、一緒に考えてあげるよ」という姿だったりします。そういった職員間での関係性が基盤としてあるからこそ、ファシリテーションの技法を使ってよりよく子どもや保育について考え、実践を進めていくことができるのだと思います。

一人ひとりが意見を持ち、発言し、気づき合う

2章　保育の見直しを支えた園内研修

6　保育者の願いと子どもの姿の融合
～写真に吹き出しをつける～

ポートフォリオをつくろう

　ビデオやエピソード記録などの媒体を使って、子どもを捉え理解する取り組みを続けてきましたが、徐々に写真を使うことが増えてきました。自分が見たものや感じたことを言葉にしようとするとき、実際に見たものや感じたこととズレることがあります。写真を使うことで、まだうまく言語化できない新人の保育者でも、捉えたものを直感的に同僚に伝えることができ、言語化する際のギャップを埋めることができます。言語化に慣れた保育者であれば、自分の視点を焦点化した写真について、的確な説明をすることができます。

　岡先生から教えていただいたドキュメンテーション（ポートフォリオ）3)は、写真と説明文、吹き出しの3部分から構成されます（次頁参照）。

　写真は、子どもを捉える『虫の目』の精度を磨き、確認するためのものです。子どもの動作の奥にある気持ちを捉え、一つの正解に辿り着くというよりは、妥当な選択肢をたくさん思い浮かべることができる「目」を、私たちは『虫の目』と呼んでいます。『虫の目』は、いわば子どもの肌の感触や体温、匂いを感じ取るような身体的な子ども理解で、私たち保育者は一般にこれを得意としています。

　説明文は、その写真にまつわる具体的な状況などの事実を書き出すほか、保育者が捉えた子どもの育ち、保育者の願いやねらいを書きます。

　吹き出しでは、子どもを捉える『鳥の目』を使い、子どもがどのような気持ちだったのか、あるいはどのような育ちを見せているのかを書きます。身体的な子ども理解である『虫の目』に対して、『鳥の目』は子どもとの距離を取って客観的に子どもの気持ちや育ちを捉える理性的な子ども理解です。感覚的・直観的に捉えた子どもの姿や育ちを、言葉や概念に置き換えるには『鳥の目』が必要になります。客観的であるので、他人（保

3) せんりひじり幼稚園ではクラスでの活動の様子を写真に撮り、そのときの子どもの様子を保育の振り返りに活かしています。また、印刷して各クラスの窓に貼り、子どもの様子や育ち、その活動の意図等を記述し、保護者と共有しています。このようなクラスを中心とした活動の様子を見える形で掲示しているものをドキュメンテーションと呼んでいます。一方、個々の子どもの活動の様子や育ち、その子の良さ等を写真とコメントで表したものをポートフォリオと呼んでいて。毎月1枚ずつ個人ファイル（「らしく育てひじりっこ」）に綴じていきます。

子どもに至る

ポートフォリオ

年少クラス

年中クラス

年長クラス

　一人ずつ、毎月1枚その子どもの成長したところを選び、ポートフォリオを作ります。子どもの育ちのなかでも見えにくい内面の成長が伝わり、理解してもらえるように、分かりやすくかつ簡潔に書いています。
　保育者が保護者と子どもの育ちを共有できるだけでなく、家庭で子ども自身がポートフォリオを見ながら園での様子を話すきっかけにもなっています。
　　　　　　　　　（鍛治和明・大下祐加）

2章 保育の見直しを支えた園内研修

護者、本人、上司、同僚）の声からその妥当性を判断することができます。

　このように写真と説明文、吹き出しのあるドキュメンテーション（ポートフォリオ）をつくるのには、3つの段階があります。

①写真を撮ること

　まず、自分が「見たい！」「他の人にも見てほしい！」と思う子どもの表情や様子を写真に収めます。自分が面白く感じたり、これまでにない姿だなと感じるとき、保育者は身体（＝虫の目）で子どもを捉えています。

しかし、その感覚だけでは、自分の捉えた子どもの姿を他の人に伝えることはできません。見ていること・感じていることを適切に捉えた場面を写真に撮ることで、そのギャップを埋めることができます。虫の目が磨かれて、より細かく見る目・感じる手を持つようになると、細かな変化が捉えられるようになります。変化を捉えられるからこそ、「次にこういうことが起きそうだ」という見通しや期待、予測が持てるようになり、自分が本当に撮りたい写真が撮れるようになってきます。「1秒前でも、1秒後でもダメな、その瞬間の写真」を撮りたい、と思いながら日々シャッターを落とします。

②写真を選ぶこと

　保育中に撮影したたくさんの写真のなかで、たとえば月案会議で同学年の同僚に、あるいは参観日で保護者に「今の私のクラスの子どもたちの姿」を表す1枚（数枚）として、どの写真を選ぶかというのが、次の段階です。自分にとって意味のあることにしか人は目を向けませんので、同じ活動の中での同じ子どもの姿であったとしても、保育者が何に焦点を合わせているかで、どの写真を選び出すかが顕著に変わります。

　また、その写真を選んだ人が伝えたいことと、その写真自体が語ること

とが一致していることも大切です。たとえば「見てて！ ぼくだってできるんだよ！」という吹き出しを書いた写真が、「やりたい！」という子どもの気持ちの育ちを語っていると、そのドキュメンテーションを見た人は少しチグハグな印象を受けます。「見て！」と「やりたい！」は異なる育ちだからです。伝えたいことと写真の語ることが一致していないときは、無理に写真を採用しない方がよいです。写真を撮った理由がうまく説明できる人、すなわち『鳥の目』が鍛えられた人は、伝えたいことと写真の語ることとのピッタリ感が増します。

③写真を語ること

写真の子どもの姿に、吹き出し（子どもの心の声）をつけて、保育者が見取る子どもの気持ちや育ちを語ります。

ここでは、「今、その子どもが育っているところ」という実態を明らかにしていくなかで、

* ＊子どもが、どう育とうとしているか。どういう力を発揮したいと振る舞っているか
* ＊保育者が、子どもの育ちを踏まえて、どういう経験をして欲しいと願うか

というねらいの2側面について話し合います。このとき、様々な悩みに私たちは出会います。子どもに寄り添うようになったからこそ、どこまで子どもの思いや声を拾ったり付き合うべきか、そうした自分の見取りが本当に合っているのか、見取りが適切だとしてもそれに応じて選んだ手立てが適切なのか……。日々悩みながら、保育という正解のない営みに取り組んでいます。

また、子どもにピントが合わないなと感じるときは、マッピングやエピソードを使った研修と同様に、同僚みんなの視点を借りてきます。そのために語り合うのです。

実践に移すこと、そして振り返ること

吹き出しをつけることで、子どもの気持ちや育ちを捉え、それに応じた

具体的な手立てを保育のなかに取り入れます。ただ、私たち保育者は子どもとは別の人間なので、いくら目を凝らして見て、一所懸命に考えたとしても、100％子どもを理解することはできません。だからこそ、子どもたちの姿をよく見て、保育のあとに振り返りをし、事後的に自分たちの見取りや子ども理解、保育がどれくらい適切だったのかを確認して、次の実践につなげていくのです。「過去は、未来に向かって開かれている」と岡先生はよくおっしゃいますが、100％正解はあり得ない保育のなかで、少しでもよりよく子どもを理解するための方法として、写真に吹き出しと説明文をつけるドキュメンテーションは意味のある取り組みだと感じています。

写真をもとに保育討議することの効用

　保育討議をする際に、写真に吹き出しがあることで、1，2年目の保育者にもどういった場面かわかりやすく、「〜ってことかな？」と話し手の気持ちもくみ取りやすく、話しやすい雰囲気で、会話も整理されていきます。また、自分にない視点や別の角度から個の育ちを知ることで保育者同士の刺激にもなっています。なるべく、情報が散らばったままの状態で終わらせないで、今どう関わるべきかまで語り合えるように心がけています。

　実践に移す際も、写真を見てみんなの視点から振り返った後に保育にあたることを意識するようになりました。こうして、保育の課題や次の手立ての発見にもつながっていくので、また、やってみようという意欲も高まりました。

　吹き出しをつけるのは説明文を書くより難しいです。おしゃべりがまだうまくできない時期や、つぶやきをリアルタイムで聞けなかったとき、「〜って考えてたかもな」「〜って思っていたかな？」と、そのときの状況や、表情、前の日に起こった出来事等にも思いを巡らせながら考えていきます。

　吹き出しをつけることで、その子の今の興味関心が明確になります。また、その言葉の中にどのような思いが隠れているのか、その子の思いを読み取る経験値を蓄えることができます。今まで以上にその子に焦点を当てて見ようと意識するようになりました。

　保護者にもその子の「今」が伝わりやすくなり、「先生、あの写真よかったわ〜」と声をかけられたりと、あまり会話のできなかった保護者とも会話のきっかけが生まれるのはうれしいことです。（明石恵里佳・中島篤史）

7 保護者と子どもの育ちを共有する
~ポートフォリオ、紙芝居~

　保育者が子どもをよく見て、どう育っているかを理解するためにつくるドキュメンテーションは、保育者が保護者と子どもの姿や育ちを共有することを可能にするツールでもありました。園では、これまでもクラスでの活動の様子を保育室の外に貼り出して、子どもの様子や保育の意図を伝えてきましたが、研修を積み重ねる中で、個々の子どもの育ちやその子のよさをもっと保護者の方に伝えたいと考えるようになっていきました。そこで、毎月その子が育っているなと感じる写真を1枚選び、吹き出しとコメントを書いたポートフォリオを保護者に向けて作成するようになりました。吹き出しには、子どもの気持ちや育ちを書き込みます。実際に発した言葉でなくても、「こう思っているだろうな」と思う言葉を吹き出しに書きます。それを各家庭に持って帰り、保護者にコメントを書いてもらい、子どもの育ちを共有したのです。

　写真と吹き出しとコメントだけでは、保育者が感じた子どもの育ちのイメージをすべて説明することはできません。でも、だからこそ心が動くということが、ポートフォリオにはあるのではないかと思います。育っている子どもに向ける保育者や保護者の「あなたが大事よ」という気持ちを可視化するツールが、ポートフォリオなのです。愛された記録として思い出を可視化している、とも言えます。

　毎月のポートフォリオを作成しているときに、岡先生から、別の施設で作成された子どもたちの育ちの『紙芝居』を見せてもらいました。1ヵ月に1枚、その月の育ちを最も象徴する姿を選び、それにワンフレーズをつけて説明していくのです。見せていただいた紙芝居では、5歳児の1年間の大きな流れが上手に表現され、1年間の育ちの見通しが持てるようになっていました。また、4月に見られた育ちが、5月にどうつながっていくか、という「育ちの物語」にもなっていました。

写真で綴る1年間
巻頭グラビア参照

ポートフォリオをつくりながら、子どもたちのそのときそのときの育ちを見ていくことから、写真で綴る教育課程づくりや紙芝居づくりに取り組むのは非常に自然な流れでした。各学年の子どもたちに見られるたくさんの育ちの中から、一番育っている部分や一番目立つ姿を選び出し、それを1ヵ月ずつ1年分並べていくことは、とてもよい学びになりました。このときに作成した紙芝居は、経験の少ない保育者が子どもたちの1年の育ちを学んで見通しを持ったり、クラスや学年の懇談で子どもたちのこれからの育ちの見通しを保護者と共有するのにとても役に立ちました。

8 子どもの姿から教育課程をつくる
〜写真で綴る教育課程〜

　ポートフォリオを始めた2012（平成24）年度の3学期に、子どもたちの1年の育ちの見通しをまとめたことから、教育課程を見直すようになるのは自然な流れでした。それまでの言葉のみで書かれた教育課程は、その学年を経験したことのない保育者にとってイメージしにくいものだったので、子どもの姿や育ちを捉えた写真を用いた教育課程（写真で綴る教育課程）をつくることにしました。

　写真で綴る教育課程は、その月に見られる特徴的な育ちを選んでつくりました。しかし、子どもはある時期に同時にいくつもの育ちを示しますし、また、いろいろな育つ力が絡み合って新しい育ちが生まれてくるという面もあります。そこで、教育課程をつくるためには、子どもたちの多様な育ちを捉える必要がありました。

　普段の子ども理解の研修とやることは基本的に同じなのですが、一人の特定の子どもの育ちを見取るかわりに、クラスや学年で共通して見られる姿や育ちを探っていきました。各クラスから「自分のクラスの今の姿を、他の人に説明するときにぴったりな写真5枚」を持ち寄り、複数のクラスに共通して見られる育ちを捉えることで、多角的・重層的に子どもの一般的な育ちを抽出していきました。1枚ではなく5枚の写真を持ち寄ること

で、一番特徴的な育ち以外にも、芽生えつつある育ちや、見られなくなる姿を捉えることができ、育ちの時間的な変化を捉えられます。その作業を4月・5月・6月……と続けていき、写真で綴る教育課程が完成しました。

写真で綴る教育課程のよいところは、実際の子どもの姿を保育者が見取り、一からつくり上げていったことで、保育者から見て実践と具体的に結びつく教育課程になったことです。また、自分たちで一からつくったものなので、毎年見返して、新しい姿を付け足したり修正することが、以前よりも気軽にできるようになりました。自分たちがよりよく保育をするための、自分たちでつくった教育課程になりました。

今の子どもの姿から、育とうとしている力をさらに伸ばす手立てをとっていると、「何か育て残しがないか」「やるべきことで、漏れているものはないか」と不安になることがあります。教育課程と照らし合わせることで、例年その時期に子どもたちがどのような姿だったかを確認することができ、教育課程の本来の役割が機能するようになりました。（2章－7、8の取り組みの詳細については引き続き3章－2で紹介します。）

写真で綴る教育課程　年少4月

9 一緒に「遊ぶ」保育者と研究者

●せんりひじり幼稚園との御縁

　私（平林）は、せんりひじり幼稚園園長の安達譲先生と「保育と仲間づくり研究会」（前出1章）という勉強会で出会い、こうして園内研修に参加させていただくまでにも数回、園を訪問させてもらっていました。大学院まで化学を学び、幼児教育の門外漢だった私は、幼稚園に勤務するようになってから3年弱でおよそ120園を見て回り、幼児教育とはどういうものかを模索していました。そのなかで、せんりひじり幼稚園は大切な出会いの一つでした。保育者集団の関係性のよさと保育の質向上への姿勢を両立させる園が稀ななか、せんりひじり幼稚園の先生方からは家族のような温かい団らんの雰囲気と、貪欲に学び切磋琢磨する風土の両方を感じました。「ここで何が起きているのか、勉強しないといけない」と思い、幼稚園教諭免許状を取得する際の教育実習でもせんりひじり幼稚園に通わせていただき、現在に至るまで勉強させてもらっています。

●岡健先生の園内研修

　初めて園内研修に参加したときに、印象に残ったことがいくつかあります。一つは、岡先生が保育者とのやりとりの中から、子どもの具体的な育ちを聞き出して整理し、そこから魔法のようにその子どもの中で育とうとしている力、そこから予想される様々な生活・遊び場面での姿、さらには、その育とうとしている力をさらに伸ばすための環境や活動、関わりを語られた姿です。

　それまでに出会った幼児理解や保育論では、結論ありきの議論や辻褄合わせの理屈が並ぶだけで、納得いくものはありませんでした。岡先生のお話には、必ず「根拠」となる子どもの具体的な姿があり、そこから育とうとしている子どもの力を抽象化して取り出し「仮説」を構築して、その仮説に沿ってその後の育ちの見通しを保育のなかで「実験」し、そのときの

子どもに至る

子どもの姿から仮説の妥当性を「検証」する、という科学的な姿勢が一貫してあります。

そう感じたのはきっと私だけではない証拠に、せんりひじり幼稚園の先生方も岡先生の一つひとつの言葉を非常に実感を持って受け止めている様子でした。現場での具体的な実践をいったん抽象化して論理的に扱い、それをもう一度実践に落とし込むという「方法」は本当に衝撃的でした。

もう一つ印象的だったのは、一言一句、一挙手一投足を見逃すまいと岡先生と食い入るように見つめるせんりひじり幼稚園の先生方の姿です。メモをとり、質問をして、研修後も大挙して押し寄せ自分のクラスや子どもの話をして、岡先生を帰してあげないのです。（笑）こんなに学びに貪欲で、かつ、お互いを一人の人間としてあるいはプロ保育者として支え合っている保育者集団は、そうないだろうと感じました。

● 遊びは学び

岡先生は、せんりひじり幼稚園での研修を「すごく上質な遊び」とおっしゃいます。「遊びは、研究の至上の形態である（Play is the highest form of research）」というアルベルト・アインシュタイン博士の言葉を想起させます。研修終了後の岡先生は、いつも疲労困憊されています。本当に面白いと感じておられて、真剣に取り組まないともったいないんだろうな、と見ていて感じます。せんりひじりの先生方の、子どもをよりよく理解して保育したいという思いや学んだことをすぐに取り入れて実践する姿勢、みんながみんなを支え合って進んでいく同僚性を意気に感じ、そういう保

育者集団と真剣に子どものことを考えることがとてつもなく面白いのだろう、と想像します。

● **研修を動かすチカラ**

　岡先生は、いつもこう言われます。

「私は、先生方が見たり感じたりしてお話しされたことを、整理しているだけです。答えは先生方の中に、あるいは先生方が見ている子どもたちの中にあるんですよ。」

　これをせんりひじりの先生方は、毎回素直に受け取れずにいるように見えます。しかし、現場の保育者のリアリティや必然性のある課題意識がなければ、研修が進む駆動力は生まれません。その駆動力は、確実にせんりひじり幼稚園の先生方の熱意を源とするものです。答えは子どもの姿にあり、それを見取っているのはせんりひじりの先生方です。岡先生はいつも、子どもの姿や先生方の願いをより詳しくつきつめたり、それに枠組や言葉を与えたりして、その場での仮の答えを提示しています。そういう意味では、対等な関係にあると感じています。岡先生もそう感じているからこそ、心地よくせんりひじり幼稚園に「遊びに」来られるのだろうと思うのです。

● **温かい、でも緊張感のある関係**

　岡先生は、報酬をもらう研修講師として、毎回の研修で一定の結論（子ども理解についての見解、それに基づく手立てなど）を出すことの責任があるともおっしゃいます。「いろいろな考え方があって、それぞれいいよね」と玉虫色の結論を出すことは、翌日も必ず保育が待っている保育者にはできないことです。とりあえずでもその時点での結論を出し、実際の保育のなかでその結論の正しさの度合いを確かめ、そこで得られた情報をもとにまた考えるということを繰り返さなければならない保育者に対して、岡先生は何らかの結論を出すことで誠実に向き合われているのです。

　また、岡先生は、せんりひじりの先生方が完全に受け身になることをよしとはしません。「こんなことがあって、困っているんで……」と問題解決を岡先生に投げようとすると、「で？『こんなこと……』はわかったけど、先生は何に困っているの？」と必ず先生方につき返します。一緒には

考えるし、うまくいかなかったときに見捨てないけれども、ただ「答えをください」という姿勢はダメだよ、とおっしゃっているように感じます。

せんりひじりの先生方も、毎回の園内研修のあとに振り返りをして、保育実践や子ども理解のワークの実施、記録をとるなど、様々に試行錯誤を繰り返したうえで、その中で直面した課題を携えて次の岡先生の研修を待ち構えています。研ぎ澄まされた課題を毎回つきつけられるのも大変だよな、と自分だったら思いそうですが、岡先生はきっとその「遊び」が楽しいのです。

●どんどん進歩する保育者集団

当初は、岡先生が来られたときに問題発見と問題解決の両方をしていた園内研修ですが、2年目の途中から「岡先生が毎日いるわけじゃないんだし、私たちが代わりにファシリテーターになれないのかな？」と岡先生の役割を自分たちで代行しようという模索が始まりました（P58〜59）。ここで、研修の内容は、保育的な側面（子ども理解、環境構成、教材研究など）とファシリテーション的な側面（ワークショップの仕掛け、グラフィックファシリテーション、問い掛け・問い換えなど）の2側面が同時並行で進むようになりました。

「ここまでは自分たちでもできるけど、ここから先はできない」と壁にぶつかることも度々ありましたが、何度も自分たちで繰り返して経験を積み、岡先生に助言をもらい、少しずつの進歩と大きな跳躍があり、学び合う保育者集団はどんどんとレベルを上げていきました。

「ファシリテーションは、その学習の場の学びが円滑に・活発になるためのもの。ファシリテータは一人でなければならないという制約はなくて、可能であるならその場にいる全員がファシリテイティブにふるまえばよい。また、その場の学びがすでに活発であるならば、ファシリテータは何もする必要はない。」
と私のファシリテーションの師匠である秦賢志さん（学校法人小寺学園・理事長）は教えてくれましたが、せんりひじり幼稚園の先生方の、一人ひとりがファシリテイティブにその場の学びに参加し、貢献する姿を私は心から尊敬しています。

● 進歩、その影響

　岡先生の園内研修が進み、せんりひじりの先生方が子ども理解や保育者間の同僚性についての理解を深めていくなかで、大きな変化が二つあったと感じます。

　一つは、明確な唯一の答えがない不自由に耐えられるようになったことです。当初は、「教師主導か、子ども主体か？」や「コーナーか、一斉活動か？」と二者択一の課題を岡先生に提示して、答えを求める姿勢がありました。その度に岡先生は「何をするか、の前に先生が何をしたいのかを教えて。それと、子どものことをもっと教えてよ」と尋ね返すのです。一人ひとりに応じた保育をするためには、全員に適用できるただ一つの手立てではフィットしない確率が高く、一人ひとりに応じた答えを模索しなければならない。そして、答えは保育者の頭の中ではなく、保育の場で実際に子どもが見せる姿にあることを、手を変え品を変え岡先生が繰り返し伝えていくなかで、せんりひじりの先生方ははっきりとした答えがなくても、情報を集め・整理して・仮説を立て・それに基づいて手立てを考え・子どもの姿を見取り・振り返る、というサイクルを自然に繰り返すようになってきました。これは、なかなか実践できない本当にすごいことだと思います。

　もう一つの変化は、当初職員間の研修を活性化するために学んでいたはずのファシリテーションの技法が、自然と子どもたちとの保育の中でも使われるようになってきたことです。年長の話し合いで、先生がさりげなくグラフィックファシリテーションをしたり、うまく課題解決ができないときには問いを言い換えてみたり、様々な保育場面でファシリテーションが行われるようになってきたのです。すると、自然と子どもたちもファシリテイティブな姿勢を見せるようになりました。

　「私たちがファシリテーションを身につけたいと思う一番の理由は、対話をしたいからだと思います。地位を利用したり、取り引きをしたり、いつも多数決に頼るのではなく、フェアに、対等に、公平に対話をしながら合意形成をしていきたいですね。

　日本人が一番不得意とするのは、ディスカッションすることだと思います。とくに、自分の意見を述べるというのが下手な人が多いと思います。そこで、自分の意見を述べやすい環境づくりや雰囲気づくり、言葉がけは

どういうものかを学んでいきたいと思うのです。

　ぼくは教育者として、小さいときから話し合う機会や場を持つことが大事だと思っていて、子どもたちにそういうことを伝えていきたいと思うのです。でも、自分ができないことを子どもたちに伝えられないし、保護者と一緒にすることもできない。だからこそ、対話とはどういうことか、合意形成とはどういうことかを先生たちが知り、保育をつくっていくなかで問題発見や問題解決、対話をツールを使いながら活用できるようになることが大事だと思います。」
と先述した秦さんはおっしゃっていますが、園内研修の場でフェアに・対等に・公平に対話をしながら合意形成をすることを学んでいったせんりひじりの先生方が、自然とその態度を子どもたちとの保育のなかでも発揮されている姿を見たときは、感動しました。

●保育者と研究者の幸せな関係

　一緒に「遊ぶ」岡先生とせんりひじりの先生方の幸せな関係について書いてきました。子ども理解や教材研究といった本当に面白い遊びに、日々の実践を持ち寄る保育者とそれを整理し考える枠組を持ち寄る研究者とで真剣に一緒に取り組む。そういうお互いの利害が一致したうえで、双方に求め合うことがあって継続する素敵な関係だなと思います。これは一例ですが、全国の幼稚園・保育所・認定こども園で、同じように保育者と研究者との幸せな関係が構築されていき、そこに通う子どもや保護者、地域社会にもその幸せがお裾分けされていけばよいなと思います。

園内研修の相談・構想は前日のお風呂から（笑）
　じっくり相談にのっていただきます

Comment 「園内研修を推進する」ことを巡る2つのカギ

　保育における目標（ねらい）は原則的に子どもの「ねらい（＝育ちへの意思／こうなりたい、こうしたい等）」を読み取り、保育者が子どもになりかわって設定したものです。ただ、子どもの「育ちへの意思」は唐突に生じるものではなく、「環境」に触発されて生じています。だからこそ、保育者は環境を構成することになります。この連続性（図）は援助という行為の基本的な構図だと考えています。

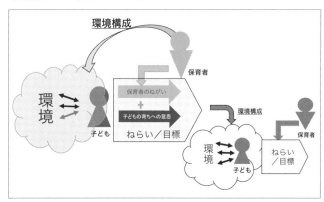

　この構図に当てはめて保育者が研修において意識する必要性ある課題は、大きく3つの方向性で捉えられます。
①「子どもの育ちへの意思」を読み解く（「子ども理解」の領域）
②「子どもの育ちへの意思」が生まれる「きっかけ」や、広げたり深めたりする「きっかけ」を考える（「環境構成論」や「教材解釈論」の領域）
③②について、子どもに提示する技能を身につける（「やりとり」に関する領域）

　いみじくも、1章で安達譲先生が述べられているように、せんりひじり幼稚園においては、まず「環境」の見直しをすることで、子どもの変化（「子どもの育ちへの意思」の変化）が促されました。そのことで今度は、「子どもの育ちへの意思」の変化に対する、先生方自身の気づきが実感されてきたのだと思います。

　私が先生方と園内研修で取り組ませていただいてきたのは、先生方の中で立ち上がってきた、子どもの「育ちへの意思」への気づきを、どう意識化し、それを保育の向上へと結び付けていくのか（操作可能なものとして対象化できるか）、そのための「しかけ」としてどのようなものが考えられるのか、でした。その意味では、この2章で述べられているほとんどは、先の①に関する取り組みだといえるでしょう。

　ところで、ここでその取り組みのプロセスにおいてカギになる2つのポイントについて述べておきます。具体的には、「傷つきやすさ」を巡る問題についてです。それは何でしょう。

　第1に、「子ども理解」という営みは、改めて述べるまでもなく、保育者の「目」（＝価値観）に大きく規定されています。私はよく「鏡」を例に持ち出しますが、人

は自らの価値観を意識化することには困難が伴います。それは、ちょうど私たちは自らの顔を鏡という道具を使わない限り見ることができない、という意味です。ちなみに、これまで保育の中で「鏡（＝しかけ）」として主に使用されてきたものは、記録（エピソード）と呼ばれるものでした。

しかし一方で、記録は相対化する道具として非常に重要なものではありますが、混沌とした認識状態を文章に整理して相対化することの困難さ、さらにはリニアな性質を持つ日本語という特徴から、混沌とした情報のすべてをすくい取ることの難しさ、というものが伴うこともまた事実でした。そのため、私はこれまでMAPや写真、あるいは写真への吹き出しといった「しかけ」を開発してきたのです。

ところで、たとえば初めて口紅をつけた時、多くの人は鏡を凝視しながら化粧したのだと思われます。それがやがて行為として身体に埋め込まれるようになると、鏡を見なくとも食事等で口紅が剝げた時に「ささっ」と修正ができるようになる。でも、たとえばお店で新しくファンデーションを勧められ、それに変えた時には、やはり鏡でよく確認をするのではないでしょうか。変ではないかと不安に思い、でもこれもありかと思い直して職場に行く。そんな時に「先生、顔色が……。大丈夫ですか？」と言われたらどうでしょうか。おそらく相当なショックを受けるのではないでしょうか。

他者という「鏡」が求められる理由がこ こにあります。ただ、前述した通り、一方で自分が気づいていないことへの指摘には絶えず危うさがつきまとっています。「私バカだな」とは言えても、他人から「あなた最低。バ〜カ」と言われたら受け入れ難いというように……。

第2として、その人の主体性を尊重しようとすればするほど、その人の考えを知る努力が周りには求められます。なのでその場合、「なぜ」というお尋ねが増えることになります。たとえば「どうしたあなたはそう思ったの？」「どこからそのように考えたの？」というように。

「問い」の問題を考えるうえで、早く結果にたどり着きたいとき、言い換えれば効率性や効果性に意識が向かうとき、実は「なぜ」という「問い」は影をひそめ、むしろ「なに」と「どうやって」が頻繁に現れてきます。その意味では、1章で安達先生が、過去において「関わり」に目がいってしまっていた、という指摘をされているのは、実はこのことと結びついていると言えるのかもしれません。ただ、「なぜ」という「問い」に慣れていないとき、人はそれを尋問や詰問のように受け止めてしまい、その時点で思考を停止し、拒否してしまうことを招来する可能性が非常に高くなってしまうのもまた頻繁に見かけることです。

「子ども理解」という課題に取り組む際に、「しかけ」がなぜ求められるのか、そのことの理由がここにあります。

3章

保護者とのパートナーシップ

変わる時代の中での「共育て」

保護者の評価と保育の質は同じ？

　幼児教育の質は目に見えにくく、その良し悪しはわかりにくいのではないかと感じてきました。せんりひじり幼稚園では、入園願書受付前に入園説明会、入園受付後にオリエンテーション、入園前に入園前懇談会を実施します。私たちが大切にしている子どもの育ちや、保育方針を写真と共に説明し、肯定的に捉えることの重要性を保護者に伝えてきました。また、入園後も、様々な方法で、子どもの姿やその育ちの捉え方を発信し、保護者に理解を求める努力をしています。このように何度も発信し説明するようになった理由は、保護者の方々から次のような質問や要望があったからでした。

「どうしてそれぞれ違うことをして遊んでいるのですか？」
「こんなに自由に遊んでいて、小学校に入ったとき大丈夫ですか？」
「うちの子が一人ぼっちで遊んでいるのを見ました。いじめられているのでは……」
「先生たちはちゃんと見てくれていますか？」
「ケンカをしたらすぐに止めてください。ケガは絶対にさせないでください」
「文字や計算は教えてくれないのですか？」
「ちゃんと座って人の話が聞けるような子にしてほしいです」
「悪いことをしたらきつく叱ってください」
「今日どのようなことをしたのかがわかるようなお手紙を毎日出してほしいです」
「PTA活動には参加しません」……
保護者のこういった姿や言葉から保育者は、
「保護者の方に私たちの考えが伝わっていないのでは？」
「保育でやっていることの意味がわからないから、不安に思うんじゃないかな」
「保護者の方が保育のねらいを理解できていないから、保育の誤解が生じるんじゃやないか」
「"保護者の願う子どもの育ち"と"幼稚園側の願う子どもの育ち"が

違うのではないか」

と感じ、そこから、

「保護者の方に幼稚園を信頼して子どもを預けてもらいたい」

「子どもの育ちを肯定的に見てもらいたい」

「入園する前にせんりひじり幼稚園の保育方針を理解してから、入ってもらいたい」

「子どもの育ちやよさを保護者と共有して一緒に喜びたい」

「保護者に理解してもらうためにどんな方法で伝えていこうか……」

という思いを保育者たちは持つようになりました。

そんな思いから、保護者にせんりひじり幼稚園の保育で大切にしているものを理解していただき、一人ひとりの子どものよさや育ちの姿を保護者と共有し、共に喜び合うための方法を、少しずつ考えていきました。

1 よく理解して入園してもらうために

コンセプトブックをつくろう

1）大阪府豊中市。学校法人あけぼの学園・幼稚園型認定こども園。子ども中心で子どもの将来を見据えた保育、園と家族の協力などせんりひじり幼稚園が常に目標としている園。http://akebono.ed.jp/

2）兵庫県尼崎市。学校法人小寺学園・幼保連携型こども園。『わたしになる。ぼくになる。』を理念として、子ども主体で、かかわるすべての人のつながりを大切にした保育を展開。http://www.hama.ed.jp/

20年以上前から、幼稚園の理念や考えを入園前の説明会や園見学の時に話していましたが、話す職員によってニュアンスが微妙に違ったり、保護者の方が実際の場面をイメージするのが難しかったり、聞いても忘れてしまったりすることもあります。また、入園してからも園の方針を理解してもらうために懇談会や園だよりを使って様々な機会に伝えていましたが、なかなか伝わりにくく、どのように伝えていったらいいだろうと考えていたころ、あけぼの幼稚園1)や浜幼稚園2)では園の理念を冊子にまとめ保護者の方に伝えていることを知りました。そこで、せんりひじり幼稚園でもこれまで入園説明会や懇談会、様々な園だよりで伝えてきた理念や保育方針を一冊の本にまとめ、『せんりひじりコンセプトブック』をつくりました。それは、写真中心の「楽しそうでしょう。どうぞ入園してください

せんりひじり幼稚園の「コンセプトブック」

ね！」といった入園パンフレットとは違い、「うちの園ではこのようなことを大切にして保育をしています。ご家庭の方針と合うようならばご入園ください」というように、様々な生活場面において子どもの育ちに必要であり、経験させてあげたい事を細かく書き綴った説明書のような冊子です。

　保護者の方は、我が子の幼稚園を選ぶ際に、その幼稚園がどのような考え方でどのような保育をしていているのかをよく見て選びますので、しっかり読んでいただけるように、入園案内と一緒に配ることにしました。また、入園後も何度も読み返していただくことで、より一層理念を理解していただくことができます。

　とくに理解していただきたかったことは、子どもの自己肯定感の育ちを大切にしていること、子どもが育つためには思いのぶつかり合いやケンカも大切な経験であること、小さなケガを繰り返しながら大きなケガをしないように育つことなどです（P82-83参照）。このようなことを理解していただくことで、保育者は真の意味で子どもの育ちをまんなかにおいて保育ができますし、子どもの育つ権利を守ることができます。

　また、幼児教育においては環境がとても重要なので、室内環境や屋外環境で工夫していること、さらには保護者の方同士の関係も子どもの育ちに

影響することなども詳しく書き、ご理解いただいたうえで入園していただくことにしました。

「せんりひじり幼稚園入園に際してご理解いただきたい事」と同意書

一方で幼稚園生活でのルールは、保護者に様々な機会に口頭で伝えたり、毎月の園だよりや行事の案内プリント等に書いて知らせてきました。しかし、口頭だと伝わりにくいこともあったり、保護者の方がプリントを読んでいなかったり、誤解が生じたりすることもありました。

そこで、「せんりひじり幼稚園入園に際してご理解いただきたい事」として、幼稚園生活での基本的なルール等をまとめた冊子をつくりました。入園前の幼稚園選びの時に、コンセプトブックや入園案内のパンフレットと共にまず読んでいただき、ご理解いただければ「同意書」にサインをしていただき、入園手続きをする方法に変えていきました。

この方法を考えたのは、2008年に職員と園長・副園長でアメリカの幼児施設を視察に行ったことがきっかけでした。カリフォルニア州のアーバインのある幼稚園で見学させていただき、保育内容についての質疑応答に加えて、保護者とのトラブルに話題がおよびました。ちょうどそのころ、日本では「モンスターペアレンツ」という言葉が流行り、同名のドラマも放送されました。本園でも一部の保護者の方々の対応に戸惑うできごとがいくつかありました。

たとえば、進級の際のクラス編成に対して強い希望を言ってこられて担任が困ったり、たまたま幼稚園に来たときに見たある子どもの生活の一部を切り取って噂を流して、保護者の方同士の関係が悪くなったり等のことがありました。

アメリカのその園の園長先生は「うちの園ではそんなことはありませんよ。入園前にその辺りのことはきちんとお互いに納得してもらっていますから」と言って、入園前に保護者の方と取り交わす契約書を見せてくれました。登園時間やお迎えの方法や預ける時のルール、病気やケガの時の細かい対応や決まり事をはじめ、幼稚園に連絡をするときの方法や保育者と話ができる時間まで詳しく書かれている非常にわかりやすいものでした。

それまで、せんりひじりでは家庭と園との信頼関係が大切で、細かな契約書のような書面についてはそれほど必要性を感じていませんでした。信

子どもに至る

「コンセプトブック」より

　大人が頭ごなしに「仲良くしなさい」と教え込むと、一見その通りにするかもしれませんが、実は本当に理解できてやっているわけではありません。大人の抑制でコントロールされてきた子は、その抑えられている力が弱まると、（自分でコントロールする力が育っていないので）「まさか」という行動に出ることがあります。本当の意味で周りとの関係性を考え自分をコントロールする力が育っていくには、ぶつかり合い、理解しあい、自分たちで考えて解決してきた経験が必要です。

　子どもたちは、友達と一緒に過ごしていく中で物の取り合いや思いの行き違いを必ず経験します。そしてとても嫌な思いや悲しい気持ちを味わいます。でもやっぱり友だちと楽しく遊びたいから今度はどうしたらそんな思いをしないで済むか考えます。大人がそんな育ちのチャンスを何も考えさせないで「はいはいけんかはやめて」「ごめんなさいは？」と、思ってもいない「ごめんなさい」を無理矢理言わせて、なかったかのようにしてしまうことは育ちのチャンスを無駄にしてしまうことになります。

ケンカも学び
育ちのチャンス

　友達との気持ちのぶつかり合いや葛藤が起きた後には、保育者が「どうしてそうなったの」「〇〇ちゃんはどんな気持ちだったの」ということをたずねながら、丁寧に関わることで、子どもは相手の気持ちを理解したり、自分の気持ちを伝えたり、どうしたらお互いにとっていいのかを考えることができます。相手の気持ちに気付いたり自分の思いを伝えて分かり合い折り合いを付けて解決できた経験が、喜びや自信となって、少しずつうまく乗り越える事が出来るようになります。又、自分の感情や行動も少しずつコントロール出来るようになってきます。そんな経験を繰り返してきた年長組は、自分たちで実にうまく話し合いをします。保育者が「どうしたの？」と心配して覗くとすると「先生は（話し合いに入らなくても）いいから」と言われることも・・・。その場に一緒にいた友達が、間に入ってそれぞれの気持ちを聞いてあげていたり、その気持ちを周りのみんなでまとめてお互いを納得させたり、自分たちで解決し、また上手く遊び始める姿をよく見かけます。そんな時に子どもの育ちを感じます。

子どもは自分でコントロールする力を
身につけていくのです

「コンセプトブック」より

　子どもがケガをすると、「そばにいたのに・・・」と親なら誰しも思うでしょう。防げたかもしれないのに痛い思いをさせてしまったと胸が痛みます。大きなケガならなおさらです。ただ、小さい擦り傷や打ち身にまで過敏になり、ケガをさせないようにケガをさせないように「危ないからダメ！」と大人が制限すると子どもは人間本来の持つ危機察知能力や身を守る力が育ちません。そして守ってくれる大人が居ない場所で大きなケガをすることになるでしょう。ケガをさせるのが恐くて入園までほとんど家の中で遊ばされてきた子どもは、身のこなし方が分からず、バランスを取るのも苦手で顔から転倒して大けがに繋がることもあります。

小さなケガが身を守る

　子どもの身体は柔軟性があり、回復力があります。身体を動かすのが好きな子どもたちは、つまずいたりすべったりこけたりしてよく擦り傷や切り傷を作ります。特に、冒険心のある子は身体を動かしながらチャレンジすることが好きで、出来るようになると更に難しいことをしたがります。勇気を出してチャレンジしたことでケガをしてもそれが自分の勲章のように見せてくれます。そうやって身のこなしを体得し、どんどん身体能力を高めていきます。もし、でこぼこの道があれば、身体のバランスを取ってうまく歩き、ずり落ちそうな坂であれば、足をつく場所を慎重に選んで登り、木から落ちそうになったら他の枝をとっさに掴んだり、自分の腕の太さより太い枝を選んで登り、自分の身体を自分で守る力を身につけていきます。小さな傷をたくさん作るかもしれませんが、子どもはしなやかな身のこなし方を身につけます。何よりも大切なのは、チャレンジする心を失わないことです。

ケガをする権利

　ドイツのバイエルン州の幼児教育カリキュラムには「子どもはケガをする権利がある」と書かれています。ドイツの幼稚園に訪れたとき、5歳児がナイフを使って昼食のパンを切っていました。左手の指を切らないか心配して「大丈夫か？」とその子どもに聞くと、「うん。ぼくは前にしたから、だいじょうぶ。」とケガの後を見せてくれました。失敗をしながらこんなことができるようになったんだという自信あふれる言葉でした

頼関係がベースになるという姿勢は今現在も変わらないのですが、時代が変わり、私たちが当然常識と思い込んでいる決まり事が、保護者の方々と共有できていないことに気づきました。そして、きちんと明文化していないにもかかわらず、「理不尽な要求だ」と自分たちが勝手に思っていたことに気づくことができました。帰国後、9月1日の入園願書配布に間に合うようにその契約書を手分けして和訳し、それを元にせんりひじり幼稚園版を作成しました（添付資料を含めてA4判10頁のものですが、その中から「7．家庭と園との連携・協力・信頼関係」の部分のみご紹介します）。

「入園に際してご理解いただきたい事」より抜粋

7．家庭と園との連携・協力・信頼関係

　各学期ごとに参観や行事を通して、子どもたちの成長の様子を観て頂きます。

　また、個人懇談（1学期2回、2学期1回、3学期年中少組のみ）やクラス懇談会（1学期、2学期各1回）、学年懇談（3学期年長のみ）を実施します。園としては情報交換の場として、幼稚園での様子や活動の意図を理解して頂く大切な行事と考えていますので必ずご出席下さい。その他、必要に応じて懇談は随時行いますので担任までお申し出下さい。

　なお、特にご留意頂きたいこととして

　送迎やPTA活動などの時に子どもたちの様子をご覧になったり、幼稚園での出来事をお子様から聞いて、何かご心配なことや納得のいかないことがありましたら、直接担任までお知らせ下さい。園には特別な配慮を要する子もいますし、その時の子どもの姿だけを捉えて、（生活の一部分を切り取って）他の保護者にうわさ話をしたりメールを送信するなどして誤解や不安を招いたり、我が子の話だけを鵜呑みにしてご判断されたりすることのないようにくれぐれもお願いします。また、子どもの卒園の資格が「仲間と一緒に楽しく遊べること」とするならば、親の卒園の資格は「子どもは一人で育つのではなく、仲間と育ち合うということを知る」ということだと思います。子どもの社会性が育つためにはケンカやトラブルがとても大切な経験だということをご理解下さい。なお、保護者の方で著しく本園の幼児教育の妨げになるような行為があったり、他の園児や保護者に強い不安を与えるような言動が見られた場合は、園にて話し合いをして頂き、相互理解を図りますが、ご理解頂けなかったり、言動に改善が認められなかったりする場合は、保護者の園内への立ち入りの禁止や転園勧告をさせて頂きます。

2 子どもの育ちの姿やよさを共有する

保育の意図を伝えよう──ドキュメンテーション

　園でのその日のできごとや保育の内容をエピソードを交えながら保護者に伝えることもありましたが、言葉だけではイメージしづらかったり、保育者も伝えにくさ（伝わりにくさ）を感じることがありました。そこで、レッジョ・エミリア市などにおいても取り組まれているドキュメンテーションを自分たちなりに取り組んでみました。

　子どもたちの活動の様子を写真に撮って何枚か印刷し、そこに保育の意図などの説明やコメントを付けてドキュメンテーションを作成し、保育室入り口ドアに掲示しました。楽しそうな子どもたちの表情や、真剣に考えている様子を写真で見ることで、多くの言葉よりもその時の状況や子どもの育ちが伝わります。そこに保育者の思いやねらいもコメントすることで、日々の保育に対する保護者の理解も深まりました。子どもたちは掲示されているドキュメンテーションを見て「こんなことしたねえ」と友だちや保育者と話をしたり、当番やお迎えに来た保護者に「見て見て！」と、写真を指差しながら、自分たちがしたことを説明する姿も見られるようになりました。また、写真で活動の様子を見ていただくことにより、「こんなのもありますよ」と環境構成に役立つ材料や情報を提供し協力してくださる保護者の姿が見られる

保育室の入り口付近に掲示したドキュメンテーション

ようになりました。

もっとその子のよさや育ちを伝えたい──ポートフォリオ

　保育者は日々の保育の中で、子どもの育ちを感じています。しかし、園として大切にしている「自己肯定感や主体性の育ち」といった、目に見えない心の成長が保護者には伝わりにくいという課題がありました。ちょうどそのころ、岡先生の園内研修で、子ども理解を深める研修の手法として子どもの写真を見ながら、吹き出しをふったり、その時の子どもの思いや成長について保育者同士で語り合い、「どう関わるかの前にどんな子？」を合い言葉に子どもを理解することを大切にした保育に取り組んでいました。岡先生との園内研修で「子どもたちがこんなにも育っているんだ！」ということを先生たちは実感していました。

　毎月の月末に行われる各学年でのカリキュラム会議では、その月の子どもの写真を担任が持ち寄り、その月の子どもの育ちを共有した後に翌月の計画について話し合います。しかし、子どもの育ちについての話が盛り上がりすぎて、計画づくりは翌日に持ち越しになることもありました。こんなふうに保育者たちは園内研修を通して子どもの育ちを実感し、保育をする喜びが深まっていきます。その一方で、保護者の方には目の前にいる我が子の姿を、良さとして肯定的に見ることが難しいのではと感じるようになりました。

　そこでこの写真を使った手法を私たちの中だけのものにするのではなく、うまく活用すれば、保護者の方ともそれぞれの子どもの育ちやよさを共有できるのではないかと考えました。

　そこで、2012年から一人ひとりの「ポートフォリオ（らしく育てひじりっこ）」を作成し成長の様子を伝えています。ポートフォリオは、子どもの成長が伝わる写真に保育者がそのときの状況や子どもの思いを文章でまとめたもので、月1回作成して保護者に渡しています。吹き出しで子どもの思いや考えを表現するなどして、保育者が読み取った子どもの内面をわかりやすく伝えています。

　ポートフォリオで取り上げる場面は、ラーニング・ストーリーの5つの視点（P36参照）。何かに興味を持っている、夢中になっている、チャレンジしている、気持ちを表現している、自分の役割を果している）を参考

一人ひとりの「ポートフォリオ（らしく育て！ ひじりっこ）」は保護者に大好評

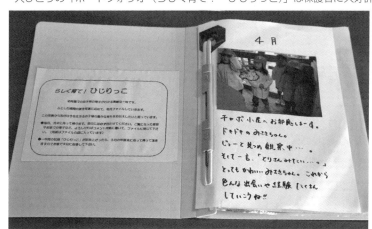

に、友だちと話し合っている光景や、ひとり遊びに集中する姿など、それぞれの子どもの興味や性格、発達状況などに応じて選んでいます。

　保護者は我が子を愛しているからこそ、我が子のよさより心配な点（課題）が目につきやすいものです。そこで保育者から見た子どもの姿を、育っている（育とうとしている）姿として肯定的に捉え、コメントを添えて伝えています。たとえば入園して1ヵ月経った5月中旬に泣いている3歳児の姿を「もう泣いていない子が増える中でまだ泣いている子」と見るのではなく、「お母さんと離れた寂しさを乗り越えようとしている子」と捉えます。また、「友だちと活発に遊べない」と悩む保護者には、ひとり遊びに没頭する姿の写真と共に、「一人でじっくり集中できる姿が素晴らしい。今はこうした姿を大事にしてあげたい」と、肯定的に捉えたコメントを添えて伝えています。

　このようにポートフォリオを継続するうちに、保護者の方々が徐々に子どもの姿を肯定的に見ることができるようになってきたのを実感しています。保育者が育っていると感じた子どもの写真にコメントを書くこの方法は、従来行ってきたおたより帳に子どもの様子を文章で書いて伝える方法と比べて、保護者にはとても伝わりやすくなり、理解が深まりました。また、保育者自身の意識も変化してきました。毎日カメラを持って成長が表れている場面を探す中で、子ども理解が深まるとともに子どもの姿を肯定的に捉える姿勢が強まりました。

　さらに、毎月保護者からもコメントを書いてもらい、4月から3月までの1年間のポートフォリオと保護者からのメッセージをファイルすること

で「自分が愛された記録」「ずっと自分が好きでいられるための記録」として子どもたちにとってとても大切な記録となります。

写真で見る教育課程

　保育者はこうして、子ども理解を大切にして、そこから保育を構想していくように変わっていきました。子どもとどう関わるかの前に、今はこんな姿があるから、次はこのように育ってほしいと願い、その育ちを支えるために、このような経験や環境が必要かな、その時にどのように関わっていこうというように、子ども理解→保育の構想（保育計画）→環境構成→関わりという順番で保育を考えていきます。何回か同じ学年を経験した保育者であれば、1年間の子どもの育っていく過程がイメージできるので、長期の保育を構想（計画）することはできるのですが、新任や、初めての学年を担当する保育者は、どんな風に育っていくかイメージしにくく、これまでの文字だけの教育課程ではその学年を経験した保育者には理解できても初めてその学年を担任する保育者には見通しが持ちにくいという課題がありました。そこで、一年間の子どもが育っていく姿を、写真を用いて語り合いまとめていくことにしました。

　2月に岡先生が来られた園内研修で、各クラスの担任が4月からのそれぞれの月の代表的な（よく見られる）子どもの姿を持ち寄り、コピー用紙に貼っていきました。そして、選んだ写真について担任が語るなかで、キーワードとなる言葉を他の保育者が付箋に書き留めていきます。そして、共通する育ちの姿をまとめていきました。作成に当たり子どもの育ちが一年でどう流れていくか、まとめた物をさらに、拡散、収束し、領域ごとにはめ込んでいく作業を繰り返しながら（文字だけの）教育課程に近づけていきました。3歳、4歳、5歳の一年間、子どもがどうやって育つのかイメージできることは保育者にとって大変意義のあることで、具体的に子どもの育ちの見通しを持てるようになりました。

育ちの見通しを家庭と共有する──紙芝居仕立てに

　子どもの育ちをイメージできないのは新任や若手の保育者だけではなく、保護者の方々も見通しが持てないからこそ、今の我が子の姿を見て「これでいいのかなあ？」と不安になったりすることがよくありました。

園では１学期、２学期のクラス懇談の前には「何かお子さんのことで心配なことや悩まれていることがあればお書き下さい」というアンケートを実施します。食事のことや片付けのことから嘘をつくようになったなど、様々な心配が寄せられますが、その多くは見通しが持てないために、今の我が子の姿が心配になるのが大部分です。

そこで、この写真の教育課程をさらに見やすくまとめて、保護者の方々にも、育ち（育ちの見通し）をわかりやすく伝えられないかという声があがりました。この教育課程には月ごとに何枚もの写真が貼ってあるのですが、それを毎月１～２枚にまとめて、紙芝居仕立てにしてつくりました。

子どもの姿や育ちが解説になってしまうと読みづらいので、会話仕立てにしてみたり、写真に吹き出しをつけたりしながら、月ごとに作成しました。写真の下には、育ちの姿をわかりやすく端的にコメントします。加えて、一見困った姿のように（保護者の方には）見えている子どもたちの姿を、保育者としては成長の姿として見ていることを赤字で書き加えました。それに加えて、なぜこの時期にこの関わりや環境が大切か、どういうことを意識してきたか等の配慮もわかりやすく書きました。このようにして、歳児別の１年間の教育課程（紙芝居・P91）をつくっていきました。

写真の教育課程を１枚に凝縮して紙芝居仕立てでつくってみるというプロセスのなかで、どの写真、どの言葉にしようかをたくさん話し合うことで、その時期の育ちに気づいていくということが大切だということを再認識しました。子どもの姿やつぶやきをもとに話し合っていく中で子どもの育ちが明確になり、ベテラン保育者の見取りも若い保育者には学びとなり、それぞれの保育者がそれぞれの時期の育ちを語れるようになりました。

保護者の方々には、子どもの発達の流れを具体的なイメージを持って理解してもらうために、2013年よりクラス懇談会でこの紙芝居を使って子どもの成長過程を説明する試みを始めました。もちろん、どの子にもこの姿がぴったりと当てはまるのではなく、６月になったら必ずこの紙芝居と同じ姿が見られるということではないということは伝えるようにしています。大切なことは、たとえば乳児が首がすわって寝返りができるようになるという順序があるように、子どもの成長の順序性について見通しを持ってもらうことです。入園してから、子どもたちは、保育者との信頼関係に支えられ、次第に好きな遊びと出会い遊ぶようになり、いろいろな友だち

クラス懇談会　保護者の方には教育課程を紙芝居にした「写真で綴る１年間」を渡して説明します

や環境に出会ってぶつかりながら成長していく——そんな子どもの育ちの見通しを持つことにより、保護者の方々は子どもは自ら育つ力を持った存在として見守ることができるようになるのではないかと思っています。

　ポートフォリオや紙芝居を用いて、園が大切にする育ちについて保護者の方々と共有することで、以前にも増して保護者のみなさんが園に対して信頼を寄せていただくようになり、園と保護者との関係がさらによくなったように感じます。今や愛情深く意欲的な先生だけではなく、先生を信頼し協力的な保護者の方々も園の自慢です。

クラスだより

　以前はどのクラスも同じような内容のクラスだよりでした。行事の案内や〇月生まれのこの名前、今月の歌等を載せる内容でした。

　今は、ドキュメンテーションのように、写真と解説などや保育室の環境設定やクラスの様子をA3両面にカラーで印刷して毎月渡します。「写真を見るとクラスの様子がよくわかり、子どもも一緒にクラスだよりを見ながら幼稚園のことをたくさん話してくれるようになりました」とか「担任の先生の大切にしている考えが伝わってきました」というご意見をいただくようになりました。また「幼稚園であったことを面倒なのか（子どもは）話してくれません。なので、先生の発行するクラスだよりを毎月心待ちにしています」というご意見もいただきました。

3章　保護者とのパートナーシップ

1年間の紙芝居（年少組）より

4月 ようちえん、きた〜

「おかあさ〜ん！！
　はなれるの、やだ〜！！！」

お母さんと離れたくない気持ちを、言葉で
ちゃんとアピールできているんですね。
先生は、そんな気持ちを知って、ちゃんと受け止め
てくれますよ。大丈夫。

5月 ちょっとずつわかってきた…

「ね〜せんせい、なにしてるの？♫」
「な〜んかたのしっ♪」4月は保育室の
おもちゃに1人で夢中だったけれど、
「あれ？せんせいなにそれ？たのしそう♡」

先生がいると、安心してどんどん遊びが
広がります。実は、それぞれ自分の世界で
楽しんでいるんです。
それが、この時期、とっても大事なんです。

6月 せんせい、すき〜♡

「みんなでおうちでおひるね♩〜♪」
「ぐ〜ぐ〜ぐ〜Zzz」
「さぁ、あさですよ♪」「はぁ〜い、まま♪」
「あっ、まちがえた♪」

幼稚園に慣れてきて、先生との距離もぐっと
縮まって安心する6月です。だからこそ、色々な遊びを
楽しめるようになっていきます。

7月 アピール合戦！

「せんせい、きて？」「はぁい」
「せんせい、みて〜？」「はい？はい？」
「せんせい、きいて！！」「はいはいはい♪」

先生がいっぱい受け止めてくれるから
出来たこと、気付いたこと、何でも聞いてほしい
んです。だって、うれしいし、たのしいし、おもしろい
んですもんねっ！！

年長すみれ組のクラスだより

11 すみれ

秋まっさかりの11月!! すみれぐみのみんなも様々な"秋"をまんきつしています!!

今月の年長ぐみ＆すみれぐみの姿は…
『じぶんたちで やってみよっか!!』です。年長ぐみ後半戦に突入したみんなのEpisodeです!!

Episode1. 食欲の秋!! 色々な秋を味わっています😊

幼稚園で堀ったおいもと みんなのお家の柿(たくさんありがとうございます♡)を使って"秋ケーキ"、プランターで育てた赤しそを使って"ふりかけ作り"、能勢の遠足でGetした柿を使って"干し柿""柿ジャム"、お部屋で育てたしいたけを使って"バーベキュー in 能勢"、"干ししいたけ作り"と
最近、食べてばかりのすみれぐみごる🤭"
ですが、今までと違うところは、
Ⓐ「これで○○出来るで!」　　Ⓑ「おぉ!! 一緒にやろう!!」
ⒶⒷ「えりか先生ー! ○○作りたいから △△の道具貸して!!」
Ⓒ「○○作りたいから、みんなで会議したい!!」

ただやりたいだけでなく、"○○したいから○○。と少し先を見通して
活動を楽しむ姿が増えました。
保育者発信より、子どもたち発信での活動もグーッと増え、
"自分たちで"進めるということが自然になりつつある中、
Ⓕ"食"というテーマはみんなの身近で、"楽しい"、"もっとやりたい!!"を
友だちと共有する とてもいいもののようです☺️☆

> おねがいします!!
> おまつりやさんで着用する
> 浴衣・じんべぇなど あれば
> 記名してハンガーと一緒に
> 持って来て下さい!
> おまちしています♪

Episode2. 芸術の秋!! お店やさん作り👟 〜楽しいカーニバルをありがとうございました♡〜

11月に入って、大盛り上がりだったカーニバルに刺激を受けて始まったお店やさんの
取り組みが始まっています!!
"意見を言う""聞く"という経験を、今まで重ねてきて、今回は少しレベルアップ🌟
"折り合い"をつけながら 友だちと自分がやりたいことを実現していく経験をしてほしいなと
思いながら取り組んでいます。
③対③のやりとりも活発になってきている今、話し合いの司会、進行も、内容や人数に
合わせて、時に子どもたちがリードしておこなうこともあります!!
(担任は書記と、行き詰まった時のアドバイザーとして参加しています。)こんな話し合いを…

3章　保護者とのパートナーシップ

LETTER
2015.11.20
たんに4
みかとえりか

初めて3人で、多くの意見から1つのことを
決めることも大苦戦。
もめて もめて・・・ 決まったお店は
"お祭り"です!!

作るコーナー(屋台)も決まり、初めてのグループ会議で・・・
Ⓐ「なぁ ○○ってどうやって作る?」Ⓑ「うーん…」
Ⓒ「あっ!! □□は!?」　　　Ⓐ「うーん…」
Ⓓ「あ～ 良いアイデアが 浮かばはさすぎる～。」

又、少し制作がはじまって・・・
Ⓐ「ここ押さえてほしい!」Ⓑ「OK!」Ⓐ「え!? 押さえてる?」
Ⓑ(他の作業をしながら)うん! ほら! (足でしっかり押さえて…笑)」

Ⓒ「出ー来た!!」　Ⓓ「えー… あんまり○○に見えへんで!」
Ⓒ「え!?」　　　Ⓓ「上手やけど見えへん…」Ⓒ「そっかー…」

Ⓔ「○○が足りへん～」　Ⓕ「どうしよー…」
Ⓖ(違うチームの子が)明日持って来てあげるでー♡」

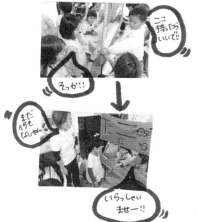

失敗しても「次は○○!!」と再度取り組んだり、友だちが「手伝おうでー!」と支えてくれたり、
時には 「○○っぽくない!」とアドバイスをしたり… 話し合うだけではなく、
試行錯誤を 繰り返す中で、1人ひとりの "こだわりPoint"を見つけて工夫する、
また、その中で、"○○くんってすごい♡"と友だちの ステキなところに着目できる
ような お祭り作りになればと思います!!
保育室に取り組みのドキュメンテーションを展示していますので、ぜひご覧下さい♡
制作のために たくさんの素材のご提供ありがとうございます!! 12月には、
保護者のみなさまに お客さんとして来店して頂ける日を
設定予定です!! お楽しみに・・・ ご♡
(詳細は別紙にて・・・)

11がつうまれの
おともだち

2にち
8にち
27にち

HAPPY BIRTH DAY!

3 保護者にとっても喜びの場でありたい

　保護者の方々と一緒に手を携えて歩んでいきたい、というのは本園の創立以来の大切にしてきている理念です。本章の最初に紹介した「入園に際してご理解いただきたい事」の中では次のようお願いをしています。

> 10．ＰＴＡ活動について
> 　本園では、保護者の皆様にも子どもたちと同じように幼稚園で友だちをつくっていただきたいと思っています。人は一人では生きていけませんし、子育ても本来は一人でするものではなく、物理的にも精神的にも助け合ってするものだと思います。また、保護者の方同士が仲よく一緒に作業をしている姿、笑いながら話している姿を見るのは大人が想像する以上に子どもたちはうれしいものです。そして、言葉で「お友だちと仲よくしようね」と100回伝えるよりも、子どもたちに人と関わる楽しさ、よさが伝わるものです。子どもたちのために、是非、ご協力をお願いします。

　お母さん方には実際に園の運営を様々な形で支えていただいているだけでなく、活発な保護者会活動を通して、保護者の方々がつながっている姿は、心地よくあたたかな園の雰囲気をつくりだしてくれています。

クラス懇談会

　10年以上前のクラス懇談会は、冒頭で園長が挨拶をし、担任がクラスの様子を伝え、質問があればお答えするといった一方通行的な形式でした。
　せんりひじり幼稚園のある千里中央駅周辺は、新幹線の新大阪駅も伊丹空港も20分以内で行けるという便利な地域です。ですから、保護者の中には転勤世帯の方も多くいます。転勤して間もないころは子育ての相談ができる人もいなく、子どもを預かってくれる親（祖父母）も近くにいなくて

困ったという話をよく耳にしました。そこで、もっと保護者同士をつなぎ、話を聞いてもらうことで「子育てで悩んでいるのは私だけじゃないんだ」とわかって、孤立感が薄らいだり、困った時は「お互いさま」で助け合い支え合う関係ができたらいいと考えました。そこで、クラス懇談会の時にグループワークを取り入れて、保護者同士で話し合い、悩みを出し合ったり情報を交換したりする場をつくりました。

　現在のクラス懇談会の流れは次のとおりです。

１．はじめに（30分）
　担任または園長からのウォーミングアップ（手遊びなど）の後、クラスの様子の話をします。その後、写真で見る教育課程を見ていただきながら、１年間の育ちの様子を説明します。

２．保護者のグループワーク（4～6人ずつ）（30分）
　グループ分けは子育て経験の長い保護者と、子どもがひとりめの保護者を組み合わせます。また、悩みの多い保護者と経験豊かな保護者を同じグループに配置し話し合います。
　まず最初は、自己紹介やマイブームを話し、その後悩んでいることなどを話し合います。

３．発表……（30分）
　グループの中の一人が代表で、グループでの話し合いの内容を発表し、園長と副園長や担任が助言や提案をします。

４．まとめ（園長・担任）

　このようなクラス懇談会を年に２回（５月と10月）します。１年間の写真で見る教育課程の説明をすることで、子どもの今の姿を肯定的に見ることの大切さを理解してくださるようになったと思います。グループワークでは、子育てのベテラン保護者から素敵なアドバイスが飛び交います。「年長になったら話し合いをして自分たちで解決できるようになるから、今は泣いてても大丈夫よ」とか「うちの子もこだわりがきつくて一人で遊んでいたよ。でも何が育っているか先生がちゃんと教えてくれたから気にしなくなったよ」など、経験者の話を聞くことで初めての保護者も安心する姿が見られました。

年長の「ぞうぐみ　クラス懇談会資料」より

ぞうぐみ　クラス懇談会

平成28年　5月19日　　担任　○○○○○

1 担任より　　　2 保護者の皆様から　　　3 園長より

☆ 年少で大切なこと・先生や友達を好きになる
　　　　　　　　　・自立する(自分でしようとする力を大切に！)
　　　　　　　　　・好きな遊びを見つける

時間	一日の流れ	子どもたちの様子・ワンポイント
8:30	◎登園・挨拶	「せんせいおはよう！」「きょうはなにしてあそぼうかな～」 おはようのギュ～や、タッチ！も喜んでくれています。
	◎朝の用意 ・おたより帳 ・コップを出す ・タオルを出す	自分でご用意を頑張っています！ タオルを出したり、スモックを着たり・・・張り切っているお友達が沢山です！ ※お家で一緒に幼稚園の用意をしてくださいね！
	・スモックを着る	※コップの出し入れ、スモックを着る、などの練習を一緒にしてくださいね！ ※スモックはポケットを床にペッタン！つけて着ると、上手に着れます。月曜日はスモックと上靴が絵本バックにあると、すぐに用意が出来ます！
	◎ 自由遊び 〈室内〉 ・ままごと・ぬりえ ・汽車・絵本・粘土 〈戸外〉 ・砂場・遊具・しっぽとり	「ねんどし～よう！」「おすなばでおやまつ～くろ！」 「おもちゃほしいな・・・」「かして！」「あ！とった！」 ※一人ひとりが好きな遊びを見つけて楽しむことが大切！ 自分で好きな遊びを見つけて選ぶことで、主体性が育ちます。一人で遊ぶ事も、友達と関わる事も大切！

時刻	活動	様子
	☆季節や子どもの興味に合わせて、室内の環境や玩具なども変化していきます。	おもちゃの取り合いでケンカになることも・・・ケンカを通して相手の気持ちに気付いたり、我慢することを知ったり、自分の気持ちを伝えることを知っていきます。
10：15	◎入室 ・手洗い・うがい・排泄	「おへやだよ〜」「え〜！まだあそびた〜い！」と遊ぶのが大好きなみんな。そして遊びに夢中になると、トイレにいくのを後回しに・・・トイレに行くことが習慣づくように、みんなでいきます。
	◎歌・挨拶・名前呼び	元気いっぱい、みんなで歌を歌ったり、体操をしたりします。
	◎今日の活動 ・お絵かき・制作など。 (水) 絵本の貸し出し (水・木) 福田先生と体操	初めての事、珍しい事に興味津々のみんなです。その日その日によって、活動が違います。
11：15	◎給食 ・ランチマット、コップおはしセットの準備	自分でランチマット敷いて、スプーン出して・・・「あけれない」「せんせいやって〜」「いっしょにやろね」と言って練習しています。
	・排泄	給食の前に行っておこうね！！
	◎ いただきます ☆手はおひざ、苦手なものも少し食べてみよう！	※給食には、個人差があります。一人ひとりのペースに合わせて、楽しい時間を過ごせるようにしています。少量から始めて完食する喜びやマナーを守る事にも気が付けるように声を掛けています。
12：15	◎自由遊び 室内・戸外	☆お片付けしてからあそぼうね！！ 午前中同様、好きな遊びを見つけてあそびます！
13：00	◎降園準備 ・排泄 ・スモックを脱ぐ ・おたより帳、タオルをリュックに入れる ・紙芝居、絵本を見る	※みんなで玩具を片付けて、降園準備をします。おたより帳が絵本バックに入っていたり、タオルがぐちゃぐちゃだったりしますが、自分で頑張った証拠！畳む練習も少しずつしています。スモックは裏返しにならないよう、手で引っ張りながら、と声をかけてしています。
14：00	◎挨拶、降園	楽しかったね！帰ったらお母さんのぎゅ〜をお願いします

うちだけじゃないんだ

　昨年は子どもが少食だとか、マイペースすぎるだとかの悩みがありましたが、今回は悩みらしい悩みがなく、雑談していました。ただ、小さな悩みを共感してもらえると、「うちだけじゃないんだ～」と思えました。そして園長先生、かえで先生、ともみ先生のアドバイスを聞いて、心が軽くなるというか、「そう、そう、そう！」と、なんだかスッキリした気持ちになりました。

　虫の目、鳥の目……大事ですね。岡先生のお話聞きたいです。毎日ガミガミ言っている自分を振り返ることができ、リフレッシュできた懇談会。貴重な時間でした、ありがとうございました。（バナナ組ふくはらゆず・母）

クラス懇談会で
グループになって話し合う

先輩お母さんのアドバイスに助かります

　「子どもについての悩み事、育児についての悩み事について話し合ってください。あとで発表があります」と言われたとき、初めは「えっ？」とびっくりしてしまいましたが、普段働いていて、集まりに参加できない親としては、クラスのお母様とお話しや悩み事を話せるよい機会になりました。特に私のグループは兄姉がいるお子様のお母様が多く、テーマは「子ども同士のケンカ、トラブルの対応」でしたが、"そんなにナーバスになる必要はない""子どもだからお互い様だ"と、家でのきょうだいゲンカのけっこうひどい状態のエピソードを披露してくれたり、"何かあったとき、相手のお母様にはどうしたらいいか"等、慣れた（？）感じでいっぱいアドバイスをくださり、何だか気が楽になりました。

　そうは言っても、いざ自分の子どもが加害者になると、焦るのは間違いないのですが（実際気分は落ち込みますし、なぜ子どもは学ばないのかとショックを受けますが）、少なくとも今このメンバーのお母様方は、初めのうちは仕方がない、そのうち学んでやめる、ということを子ども自身が学んでくる、ということを教えてくださり、少し希望が持てました。

　先生だけでなく、他の子どものお母様の多岐にわたる悩み事や、どうしたらいいのかを話し合えるのは、とてもよいワークスタディでした。（りす組たかばたけいと・母）

PTA組織

　せんりひじり幼稚園のPTAは、会長1名・他役員6名をリーダーとし、保護者全員参加による組織です。

　役員の7名の選出は、前年度の12月に推薦・立候補を募り、それを元に副園長が交渉に当たるといった方法で行われます。子どもたちは3歳のころは5歳児に憧れ、5歳児を見て学びますが、保護者同士にも同じような姿が見られます。第2子第3子のいるベテラン保護者になると、保護者活動や地域活動に積極的に参加する人も多く、その中でもPTA役員に選ばれた方々は1年間保護者主催の催しを企画運営し、リーダーシップを発揮します。そしてその姿は他の保護者の憧れとなり、モデルとなっていくように感じます。

　役員以外の保護者は全員、何か一つの委員になります。ところが、両親共に仕事をしていたり、出産間近だったり、保護者自身の体調の問題など、それぞれが様々な事情を抱えています。そこで、保護者の事情によって選べるように委員の種類をたくさんつくりました。クラスの親睦を図る担当の親睦委員もあれば、「おもちつき係」（餅を丸める係）のような、年に1回（土曜日）のお手伝い担当もあります。子どもが幼稚園に行けば時間の余裕もできるから親睦委員になって友だちづくりをしたいと考えている保護者もいます。仕事をしていて幼稚園の行事の時以外は休みが取れないけれども、カーニバル3)の当日は参加して手伝いたいという方のために「カーニバル当日係」というのもつくりました。これは、幼稚園側だけでなく、PTA役員の方々の保護者目線からのアイデアでつくられていきます。

3）毎年11月初旬に行われる保護者全員参加の園のお祭り。保護者の出展する模擬店の内容や保護者同士が協力し合って運営する姿等が年長のお店屋さんプロジェクトのモデルとなっている。

ひじりカーニバル

保護者の方にも幼稚園生活を楽しんでいただきたいという強い思いがあります。負担になると家庭での子育てにも影響してきますから、負担にならない程度に参加していただけたらと考えています。ただ、どうせやるなら、大切な時間を使って活動するので、「やってよかった」を感じてほしいといつも思っています。子どもが幼稚園の時代は、親も幼稚園ママの時代。後から思い出しても充実した思い出であってほしいと願っています。

給食当番

　創立当初から自園調理の給食を実施していますが、保護者による給食当番もそのころから始まっています。毎日クラスに一人ずつ保護者が来て、配膳を手伝って、子どもたちと一緒に食べます。保護者は参観や行事のような特別な日ではなく、普段の子どもたちの姿を見ることができます。また、担任と一緒に配膳をしながら、子どもの様子を聞いたり、家庭での様子を伝え、育ちを共に喜ぶこともあります。また、保護者は子どもたちがどんなものを食べているのかを知ることもできます。

　給食は食育の場として重要な時間です。担任と共に食事の場を支えて下さる保護者の存在は非常にありがたく思います。こぼしそうになっている子に「両手で持ってごらん」と声をかけて下さったり、なかなか食べ終わらない子に「もう一口ガンバレ」と励ましたり、食べ終わるまで見守って下さったり、「スープのおかわりいる人おいで」と声をかけて下さったりします。

　また、給食が終わってからも、お掃除当番の子どもたちが慣れない手つきで雑巾を絞って床を拭いていると、「ここを持ってねじってごらん」とぞうきんの絞り方を丁寧に教えて下さったり、片付けが終わると一緒に遊んだり絵本を読んで下さったりすることもあります。お当番にはお父さんやおばあちゃんが来られることもあり、お父さんの中には仕事の途中で抜けてこられる方も時々おられます。その後子どもたちに「○○君のパパ一緒にサッカーやろうや‼」とせがまれて園庭でサッカーをし、時間になったら汗を拭き拭きネクタイ締めて「また行ってきますわ」と仕事に戻るお父さんもいます。バイオリンのレッスンに行った帰りに給食当番に来たお母さんが、その後、「聴いてみたい」という子どもたちのために持ってたバイオリンを弾いて下さって、クラスを越えていろんな子が集まってきた

ので、園舎の吹き抜けで「ミニコンサート」が始まったこともあります。そんな保護者の方の姿を見ていると決して「仕方がないから……」と義務感を感じて給食当番をしているようには見えないことが多く、「クラスのお母さんお父さん」として、自分の子どもだけでなく他の子どもたちの成長を共に喜んで下さるそんな温かい眼差しを感じ、ステキだなといつも思います。

せんりひじり幼稚園は保護者の出番が多いかもしれません。仕事の合間を縫って参加して下さる方もいますが、仕事が忙しいときはつい「あー今日は給食当番だ……めんどくさい」と思われるでしょう。ところが行ってみると子どもが予想以上に喜んでくれたり、他の子の成長した姿や面白いやりとりを見て元気をもらわれることもあります。それを乗り越えながら子育てをすることが後々の自分の自信になっていくのではないでしょうか。

教育相談

月に1、2回カウンセラー（臨床心理士）の先生が教育相談に来られます。朝、保育中に子どもたちを巡回してもらい、カウンセリングルームで保護者の相談（予約制）に乗っていただきます。

カウンセラーがいない日でも、私たち職員に保護者から「ちょっと聞いてもらえますか？」「どうしたらいいか困ってて……」と立ち話のようなちょっとした相談は毎日のようにあります。

相談を受けたときに、私たちが思うのは、子育てに悩みはつきものですから、まずは悩んでいるお母さんの気持ちに寄り添い、「悩んでいる＝頑張っている」というように肯定的に受け止めたいと思っています。そして、どの部分に悩んでいるのか、お話を聞きながら整理します。

先日はこんな相談がありました。「気に入らないことがあると長時間泣いて止まらないんです。なだめたりごまかしたりしてもダメで……。どうしたらいいかお手上げで……」と言われるのです。ご家庭での様子を詳しくお聞きし、幼稚園での様子と合わせて状況を想像しながらお話をします。基本的な姿勢として大切にしているのは、肯定的に子どもをとらえることです。「あきらめないんですね。強い思いがあってどうしてもやりたかったという気持ちが収まらないのでしょうね。お母さんからすると、次の予定に間に合わないから、早く気持ちを切り替えてほしいと思いますよ

ね。でも、あきらめない気持ちは、何かをやり遂げるときの根気強さにつながってますから、きっとこれから何かの場面で、よさとして出てくると思います。大切にしてあげたいですね。ただ、ずっと泣いているというのは本人もしんどいでしょうから、気持ちが切り替わるきっかけを見つけてあげて、調整する力を少しずつ身についていけるといいですね」等のように話をさせていただきます。今日からどうしようか……と考え悩んでいる保護者に前向きの力を持って帰ってもらえたらと思うのですが、いつも手探りです。

　岡健先生の園内研修では、「鳥の目・虫の目」といった様々な視点から子どもを見る研修をしてきましたが、まだまだ岡先生の視点に「そうか、そうだったのか……」と驚いたり気づかせてもらうことが多く、保護者の方々からの相談を受けても正解を出すことはできません。しかし、保護者の気持ちにより添い、一緒に悩み、一緒に喜び、一緒に考えて応援していくスタンスは大切にしています。

　岡先生の研修を受けた後は寄り添い方や環境構成を試したくて、早く「子どもたち来ないかなあ」という感覚になりますが、同じような気持ちを保護者が持てるように、そんな寄り添い方ができたらいいなと思っています。

　子どもの育ちは目に見えにくいことも多く、また、私たち保育者は、自分たちの力を実感することが難しいこともあります。私たちが感じる子どもの育ちや、その笑顔で、自分たちのしていることのよさや改善点を振り返ることもありますが、そういったときに、保護者からいただく、言葉や手紙からエネルギーをいただくことがよくあります。

　こうして振り返ると様々な方法で、保護者に「話す（伝える）」と「聴く（受け止める）」を繰り返してきました。子どもを真ん中に、子どもにとってどうすることがいいのかを保育者と保護者が語り合うことで、情報を共有するだけでなく共に子どもの幸せを願うパートナーとしての連帯感が生まれてきました。子どもの育ちを共に喜び、支えていける関係性を今後も大切にしていきたいと考えています。

副園長の「子育て応援通信」

おひざのうえで

（副園長の子育ておうえん通信）（28年3月）

「保護者力」

せんりひじり幼稚園
副園長　安達　かえで

　先日は、PTA総会・お別れ会とご参加いただきありがとうございました。
　PTA役員の皆様には、様々なPTA活動を企画運営して下さり感謝の気持ちでいっぱいです。大変な一年だったかと思います。きっと親としての人生の中で「よくやった」と自分に勲章をつけたくなるような一年になったと思います。
　また、親睦委員やカーニバル委員をはじめ各委員活動の方々もたくさんのお力を貸して下さりありがとうございました。PTA総会では、保護者席から「お疲れ様〜！！」の声と共にキラキラのうちわを振ってのねぎらい応援団・・・。こんなステキなPTA総会（ひじりの伝統になりつつありますが）・・・他の園では聞いたことないよなあ。ジャニーズのコンサートみたいにキラキラのうちわで「おつかれ〜！！」って言われたら嬉しくてPTA役員さんも涙＆笑いでしたね。

　一年間の行事を振り返っても、保護者の方がそれぞれの役割を担って下さり、ありがとうございました。実際はしんどいことや、やりにくいこともあったかもしれません。それぞれのご事情もあり、もっと参加したくてもかなわなかった方もおられたかと思います。保護者の係は一人一役のお約束。その上給食当番や個人懇談・学級懇談・行事・・・と出番も多く、お時間の調整も難しかったかもしれません。そんな中でもご家族で協力して下さったり、できる範囲でご参加下さり、本当にありがとうございました。

　何度も言いますが、うちの園の自慢の一つが保護者の方々です。昨今、他園では省略化されている保護者活動ですが、せんりひじりでは保護者の意識が高く、しかも楽しんで参加して下さることに驚きと感謝の気持ちでいっぱいです。お別れ会での企画、手の込んだ素晴らしいアルバム・・・大変だっただろうなあとお察しします。先日の年長組のお別れ会では、笑いあり涙ありの驚きの企画。親睦委員さんの中から「もう、やりきった！！」と完全燃焼のお声も聞こえてきました。お別れ会で出たひじりランチを「もうこれで幼稚園の給食食べるの最後やから！！」と、お母さん方が次々お皿を持ってお代わりに並んでいたことも聞いて大爆笑でした。ステキな保護者の皆様と出会えたことに感謝します。

　子どもたちは、自分たちのために親が力を合わせて楽しそうに活動している姿を見て、大切にされていることを感じたはずです。来年度も、保護者の皆様と手を取り合って、子どもたちを幼稚園と家庭の両面から支え、共に「子どもの幸せを願い、子どもの幸せを図る」そんな組織でありますように。
・・
ご意見や感想があれば是非お書き下さい　（　　　組）（　　　　　　　）

保護者にとってのせんりひじり

「わたしは、わたし。でも、わたしはみんなのなかのわたし」。これは、私たちが保育に臨む際のコンセプトです。一人ひとりの主体性や持ち味が大切にされること、そしてそれは、仲間たちとの安心で心地よい暮らし合いや学び合いのなかで、はじめて発揮され育まれていくのです。それは、子どもに限りません。保育者や職員にも、保護者の方々にも通じることだと考えています。

「親は子どもを産んだら、それだけで親になるわけではない」と言われます。子育ては思うようにならないことばかりで、我慢も必要です。苦労や失敗を繰り返しながら、他の親に学び、子どもに教えられながら、親として生きる喜びを得ていきます。せんりひじり幼稚園はそんなふうにみんなに支えられながら「親が親になる場」、そして人生の充実感を感じられる場でもありたいと願っています。保護者の方々にはどんなふうに映っているでしょうか？ 率直な声を寄せていただきました。

● 「ママの希望」と真逆の保育

上の娘が4歳の時に東京から引っ越してきましたが、私の周りのママの幼稚園選び3条件が、①母の参加が少ない ②子どもを教育してくれる（お勉強やお行儀）③子どもが汚れない……でした。

大阪に来て、子どもをせんりひじり幼稚園に入園させていただきましたが、当初は驚きの連続でした。これまで幼稚園に希望してきた条件とは真逆の保育内容（笑）にもかかわらず、保護者から絶大な人気を誇っている！ お母さんたちが進んで保護者活動に参加していて、とても仲良く楽しそうなことに衝撃さえ受けました。当初は気が進まず、義務感で保護者活動に参加していましたが、今では親子で成長を実感する日々です。せんりひじり幼稚園との出会いに心から感謝しています。

● 「みんなでみんなの子を見る」を実感

どうしてもせんりひじり幼稚園に子どもを入れたくて、一年間待って年中から入りました。入園当初はクラスになじめなくてお部屋に入ることができなくて、知っているお友だちがいる年少のクラスで遊ばせてもらっていたようです。それでも担任の先生は、娘が落ち着くならそれでいいとおっしゃってくださり、十分気持ちが落ち着いてから自分のクラスに行くことができるようになりました。卒園した娘は、自分の気持ちを大事にしてくれるせんりひじり幼稚園が大好きで、弟の入園式についてきて、園長先生に「大きくなったら、せんりひじり幼稚園の先生になるね」と

言いに行っていました。

他の幼稚園ママには、「せんりひじり幼稚園は行く回数が多いよね」とよく言われます。でも、給食当番で行けば「○○のママー」とクラスの子どもたちが次々と声をかけてくれるし、違う日にお友だちのママが行くと、「今日は全部食べてたよ」とお互いの様子を伝えたり、できなかったことができるようになると一緒に喜んでくれたり、先輩お母さんに下の子を預けてゆっくり給食を食べたり……と、みんなでみんなの子を見る――そんなことを少しも嫌な顔をせずにしてくれる、そんなお母さんの集まりに本当に助けられます。そういうお母さんに私もなっていきたい。

● 大人自身が楽しく過ごすことの大事さ

卒園した上の娘二人もせんりひじり幼稚園が大好きです。お店屋さんごっこのことや発表会のことなど、友だちと創り上げてきた行事のことを本当によく覚えていて、アルバムやビデオを見ながらよく思い出話をしています。幼稚園の時のお友だちに会うと、ほっとしてうれしそうです。たくさんの宝物をいただけたことに感謝しています。

平成27年度の役員の方々

給食当番　左が保護者の方

私も小さい子どもを連れてのPTA活動は大変だったけど、「きちんと育てないと」と思って気負っていた私に、先輩ママに話を聞くことで「そんなに気負わなくていいんだ」「子どものためだけでなく、私自身が楽しく過ごすことも大切なんだ」と、気づかされました。

せんりひじり幼稚園で、子どもも大きく成長させていただきましたが、私自身もたくさんのステキな人に出会い温かく見守っていただけたことで、自己肯定感を育んでいただき成長させていただけたと思います。

● 「幼稚園に戻りたいなあ」

安心して子どもをあずけることができました。卒園した上の娘が、「幼稚園に戻りたいなあ」と今も言います。幼稚園に遊びに来た時にたくさんの先生が声をかけてくださり、「ぎゅーっ」としてくださって、遊ばせてくださったり、時にはお手伝いもさせてくださり、心も体も満たされる場所です。

● 「みんなのなかのわたし」

担任の先生だけでなくて、みんなが子どもの顔を知ってくれていて、保護者やきょうだいの顔も知っていて、たくさんの先生が声を

運動会の親子競技「パパ、がんばれ！」

かけてくれるのがうれしいです。大きな幼稚園なのにアットホームな雰囲気。子どもの好きなことや得意なこと、できたことをみんなに認めてもらえる場も多く、生き物の世話が得意な子、泥だんごづくりが得意な子、廃品で作品をつくるのが得意な子、コマ回しをするのが得意な子たちが「すごいね」と認め合って、子ども同士で心を動かされる場面がたくさん見られました。

子どもたちのために保護者が協力していろんな活動ができるのもよかったです。表現発表会の前の衣装や大道具づくりのお手伝いも、たくさんの保護者が来て（中にはお父さんも）ワイワイおしゃべりしながら、先生のアイデアをもとに作業する時間が楽しかったです。

先輩ママさんから代々引き継がれているPTA活動です。産まれたばかりの子を連れてなかなか思うようにお手伝いできなくて申し訳なく思っていたら、3人目のお子さんを通わせている先輩ママに「今は、私たちに任せてね。できることを少しやってくれたらいいから。私たちも先輩ママにそうしてもらってきたから」と言われたことを今でも覚えています。子どもを通して素敵な保護者に出会えたことに感謝しています。

● 「みんなそれぞれですから……」

全員が何らかの委員をするので、いろんなお母さんとの出会いがありました。先輩ママにいろいろなアドバイスをもらって助けてもらい、自分も成長できました。これからは新米ママに、自分がしてもらってうれしかったことをしていきたいと思います。卒園してもずっとママ友のお付き合いが続いています。

給食当番のおかげで、いろんな子どもたちと関わることができました。普段の幼稚園の生活の様子がわかってよかったです。

一番下の子が入園した時、それまではお兄ちゃんについてきていたから幼稚園に慣れていたはずなのに、自分が入園すると、お部屋に入らずテラスで中を眺めていました。でも先生方は決して無理に入れようとはしないで、本人が納得するまで根気よく見守ってくれました。みんなと違うことをしている息子を心配している私に「みんなそれぞれですから、同じでなくていい」と声をかけてもらってとても安心しました。子どもの自主性を大事に見守ってくれる、そして必要な時に手を差し伸べてくれる。この幼稚園に通わせて本当によかったです。卒園した兄たちもせんりひじり幼稚園が大好きで、弟の行事に一緒に行けるのをいつも楽しみにしています。

運動会係の保護者

ボディペインティングのボランティアお母さんたち

●羨ましい給食当番

　うちの子どもたちは「幼稚園に行きたくない」と言ったことがありません。かなり楽しそうです。そんな楽しそうなところですから、カーニバルや運動会などの休日に催されるイベントの際には、どんな場所なのか覗いてみたくなり参加します。それらは特別な日ですから楽しいに決まってて、もちろん親も楽しめます。でも、子どもたちの様子を見ていると、普段の日もかなり楽しそうです。特別な日以上に楽しいことが毎日あるに違いないと睨んでいます。平日に子どもたちの給食当番に参加しているお父さんがいるらしく、羨ましくてたまりません。いつの日か仕事をさぼって参加しようと思っています。

●子どもの変化に教えられて

　入園する前は「子どもはちゃんと育てないと」と思っていました。今思えば、その「ちゃんと」は少し間違っていたと思います。ひっこみ思案だった息子が、あれもやってみたい、これもやってみたいと言うようになりました。心から大人を信頼して、のびのび楽しく幼稚園に通う姿に、私もたくさんのことを教えていただきました。ありがとうございます。

●「ひじり小学校」があればいいのに

　親子共に卒園したくない。ひじり小学校があればいいのに、心からそう思っています。春からひじりっこが1人もいない小学校へ我が子は飛び込んで行きます。「ひじりイズム」が時には否定されたり、理解されず、納得できなかったり……。それでも、今この大切な時に体に染みついた「ひじりイズム」を失わず、前に前に進んで欲しいと思っています。本当にこうしてご縁が持てたことに感謝の気持ちで一杯です。ありがとうございました。これからもぜひよろしくお願い致します！

●大人になったときに真価が発揮される

　私の勤務している大学では、大学入試の時の偏差値は高くても、入学したらやる気がなく目的を見失っている学生がたくさんいます。自分に何ができるか、どう行動したらいいかを問われたときに自分の考えが言えず、就職もなかなか決まりません。

　それは、子どものころから自分で考えて主体的に行動する機会がほとんどなかったからではないかと思います。自分で判断ができなかったり、人との関係を上手く築けない学生をたくさん見ていると、うちの3人の子どもたちは生きていくうえで必要な力をこの幼稚園で育ててもらったと思います。

　この幼稚園が大切にされていることは、この時期しか育たない非常に大切なもので、大人になったときに様々な形ではっきりとでてくることがわかってきました。

「子ども」を通し「喜び」を保護者と共にすることの意味

　本章を読ませていただいて、かつて次のように書いた（2014）ことを思い出しました。

　ちょっと前の話になりますが、…略…会社に大妻女子大学の岡先生が講演に来てくださいました。／タイトルは「子供を育てるおやぢから」。／興味ありますよね〜。このタイトルにすぐ飛びつき、わたしの持ってるネットワークのママパパにもすぐ連絡しました。／そこで心に残ったことがたくさんあるんです。／是非、子育て中のママパパにはシェアさせていただきたいのでここで書かせください。

　「子供達と歩くときに引っ張ってませんか、親御さんたち」／はっ！って気づきますよね？　何となく、早く行かなきゃみたいな気になって引っ張ってしまっているこの都会の女。わたし！（笑）

　心に余裕がないのかって一瞬のうちに考えさせられた一言。

　子供達を先に歩かせてあげてくださいって。／子供の目線で歩くことで大人が発見することがたくさんあるんです〜って。／目的地まで行くのに時間がかかるかもしれない、または目的地に到着できないかもしれない、でも、それでもいいんですって。

　はっきり言ってくれました。／わたしたち大人は目的地に到着することに気を引かれすぎて思わず子供達を引っ張って連れて行ってしまう。（以下略）

（http://ameblo.jp/ciggy/entry-11731747015.html）

　これは以前、大手証券会社の方からの依頼で、社員向けに「健康・育児・介護」をテーマに、社員が個々に仕事と人生の充実がはかれるよう企画されたイベントで「散歩」について話した部分に対する参加された方のブログ記事でした。

　この方と会が終わって話をした訳ではありません。それでも、「心に余裕がないのかって一瞬のうちに考えさせられた」。こう書いてくださった参加者がいらしたことに素朴に感謝したことを覚えています。なぜならば、保育者が保育という営みにおいて大切にして欲しいことを、その方は感じ取ってくれた、と私には思われてならなかったからです。

　教育哲学者の矢野智司（1995）は、「子ども」という観念が、「時間意識」であることを指摘しています。矢野は言います。近代以前の人の一生は春夏秋冬になぞらえるような円環的な時間意識として捉えられてきた。それが近代に入り誕生から死までが直線的な時間意識へと変わった。だからこそ、人々は「子ども」という観念を産出せざるを得なかったのだ、と。

　産業革命と名指される工場による大量生産・大量消費の訪れ。原材料が加工され、製品化される。こうした形で人の一生がな

ぞらえるようになったことで、私たちの人生は結果から常に逆算される思考に支配されることになります。そして効率性や合理性の重要視…。

ただ、そうであるとすれば、「今」という時制は、「目的」にはなり得ず、絶えず「手段」としてしか存在できません。そうした生の虚しさや、おかしさを当時の人々は見つけ出した。「手段」のための「今」ではなく、「今」のための「今」を生きることこそが本来の人間のあるべき姿ではないのか。そうした意識の表れとして「子ども」という観念を産出する必要があったのだ、と矢野は述べたのです。

今の私たちの社会では、「頭のいい」子どもや「優秀」な大人、として挙げられる像を思い浮かべれば明らかなように、効率性や合理性は非常に大きな価値が付与されています。そうした中で「子ども」と向き合うことは、そもそも矛盾したことに他なりません。なぜならば、日常生活を手際よく、予定された結果のための逆算された現在の行為を遂行しようとする私たちの行動規範そのものに、「子ども」はそもそも矛盾する観念（端的にいってしまえば、それを邪魔する存在）に他ならないからです。

「わたしたち大人は目的地に到着することに気を引かれすぎて、思わず子どもたちを引っ張って連れて行ってしまう」ことを無意識に強いられています。そんな大人にとって、「心に余裕がないのかって一瞬のうちに考えさせられ」るのは必然であり、負担感や不安、苛立ちを抱くのはむしろ当たり前なこととして理解できるのだと私は思います。

安達かえで先生は次のように書かれています。

子どもの育ちは目に見えにくいことも多く、また、私たち保育者は、自分たちの力を実感することが難しいこともあります。私たちが感じる子どもの育ちや、その笑顔で、自分たちのしていることのよさや改善点を振り返ることもありますが、そういったときに、保護者からいただく、言葉や手紙からエネルギーをいただくことがよくあります。／こうして振り返ると様々な方法で、保護者に「話す（伝える）」と「聴く（受け止める）」を繰り返してきました。子どもを真ん中に、子どもにてとってどうすることがいいのかを保育者と保護者が語り合うことで、情報を共有するだけでなく共に子どもの幸せを願うパートナーとしての連帯感が生まれてきました。子どもの育ちを共に喜び、支えていける関係性を今後も大切にしていきたいと考えています。

様々な手法を用いて、「手段」のための「今」ではなく、「今」のための「今」を生きる本来の人間のあるべき姿を「子ども」を通して保護者と共に発見する。せんりひじり幼稚園は、そうした営みを産出し続けているのだと私は思っています。

＊岡健（2014）、"散歩のススメ"と子育て（の）支援、園公幼会報2014春号
＊矢野智司（1995）、子どもという思想、玉川大学出版部

お誕生日会で　コーラスのお母さん方

4章
家族のように大切にし合う「同僚性」

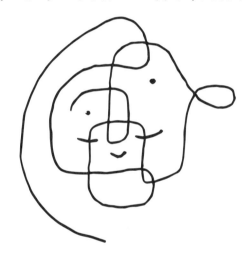

大人たちの育ち合いは、保育の営みと一緒

1 園の風土として受け継ぎ育んできたもの

父からの遺言

　私（安達讓）は1997（平成9）年に13年間勤めた小学校を退職して、父が園長をしていたせんりひじり幼稚園に入りました。

　振り返ってみると、父は園長初心者の私に対して「ああしろ、こうしろ」、「それはするな！」といったようなことはあまり言わない人でした。そんな父から、幼稚園に入ってすぐにあけぼの幼稚園の安家周一先生の所へ連れて行ってもらったときに、言われたことがあります。まさにあけぼの幼稚園の門をくぐる直前に私に向かって「ええか、いろんな人がいろんなことを言うけど、まずはこの人の言うことを聞いてしっかり頑張りなさい」と。20年前のことです。

　そのときの私にとって「安家先生」というお名前は、小学生のころにお会いしていた安家茂美先生（周一先生のお父上）でしたが、厳格な印象だった茂美先生とは違って、周一先生は本当にオープンに温かく受け入れてくださいました。その後もずっとお世話になるのですが、安家周一先生は、いつもご自分やあけぼの幼稚園でされてよかったこと、たとえばお父さんたちの力を借りて遊具をつくったこと、特別支援の取り組みなどはみんなにオープンにし、共有されるように心がけていました。一方では、いろんな意味で過去の私立幼稚園のちっちゃな対立や行政に対する信頼関係などのこんがらがった糸を解きほぐして、それをみんなにとってよりよい方向で綺麗に編み上げられてこられたような気がします。また、後に私も参加させていただく「保育と仲間づくり研究会」を立ち上げられたことには、心から感謝しています。

　そんな安家先生とのことをはじめ、父は人とのご縁やつながりを本当に大切にしていました。そしてそれは行政や議員の方々だけではなく、研究者の方や現場の幼稚園の先生方とのご縁も大切にしていましたし、困っ

いる人には本当に親切にしていました。

　幼稚園に入ったころにもそんな父の考え方を知る機会がありました。近隣の幼稚園が、園の都合で突然その年度いっぱいで廃園になるということが、ひじりのある新任教員から伝わってきました。その教員の高校時代の同級生がその園に4月から勤めていて、5月にはもう廃園になるという話を聞いてショックを受けている、幼稚園の先生は続けたいと言っているので、相談にのってほしいということでした。

　会って話を聞くと本当に気の毒な話で、翌日、父に相談しました。父は私立幼稚園の団体長[1]としてこれまでも幼稚園の廃園に関わってきた経験から「保育料を払う子どもは必ず他の園に入れてもらえるけれど、先生の引き受け手はなかなかない。せっかく幼稚園の先生を目指した人がいきなりそんなことになるのは本当に気の毒やから、どんな形でもいいからうちで働いてもらいなさい」と言いました。そして翌年からうちの園で専任として働いてもらうことになったのです。

　園としては初めて主任以外で担任を持たない専任を設けることになったのですが、その年は特別支援を要する子が多く入園して来た年で、その先生は一所懸命にその子に寄り添ってくれました。また、その廃園になった園の同期の先生が柵の外から「どうしてるかなあ」とのぞきにきたところをスカウトして、非常勤で支援児の保育に当たってもらいました。

担任経験のない園長として

　気の毒な身の上を見かねて、という側面も多少あったわけですが、他の園を経験した2人が入ったことはとてもいい影響を与えてくれました。自園であたりまえだと思ってしてきたことが、実は他園ではあたりまえではなかったことに気づけたり、2人からひじりの保育についての疑問が多く出されたことは、とてもありがたいことでした。

　また、私とその2人は年齢は違っても幼稚園に入った年が同期になるわけで、保育についての疑問をお互いに率直に言い合えたこと、その中で、子どもと向き合っている先生たちからの意見を聞くことが本当に大切だということを実感しました。保育のことがわかっていない、素人に毛が生えた程度の人間が、管理職という立場にいるからといって、いろんなことを決めていくことはとても危険なことです。私は幸運に恵まれたと思います。

[1] 元大阪府私立幼稚園連盟理事長、元全日本私立幼稚園連合会会長を歴任。生涯を通じて私学振興に尽力した。

「保育と仲間づくり研究会」主催の研修会。パネラーは右から小田豊、岡健、菅野信夫、藤本明弘の各先生

　私はそれまで幼稚園での担任経験がないことがコンプレックスだったのですが、担任をしていないからこそ、現場の先生方が真摯に子どもと向き合いながら保育を行っていることに、心からリスペクトできるということに気づきました。園長に担任経験があるのは本当に貴重だと思いますし、あるにこしたことはないし、自ら保育実践について学ぶことは基本中の基本だと思う一方で、担任経験がないことを自分の強みに変えられるのではないかと今は思えるようになりました。

　「仲間研」スーパーバイザーの菅野先生が、「園長・主任と担任の先生方との関係と、担任と子どもたちとの関係は相似形だよ」といつもおっしゃいますが、これまで多くの園を見せていただく中で、園長・主任と担任の先生方との関係が指示・命令ばかりの縦の関係が強ければ、担任と子どもたちとの関係もそうなってしまう傾向が強いように実感しています。

　結果論ではありますが、保育がわかっていない自分は、先生たちと相談しながら新たな保育を模索するしかありませんでした。

　過去にこのような思いと似た感覚があったのですが、それは自分が初めて担任した小学校３、４年生持ち上がりのクラスでの２年間の経験です。結果として子どもたちが自分たちでの力で学級をよくしていくことのできる生き生きとした素敵なクラスになったのですが、それは私の側に子どもたちを引っ張っていく経験も知識もなく、子どもたちを信じて（頼って）クラスをつくっていくことしかできなかったからです。たとえば、３年生の時にはクラス内にケンカがしょっちゅう起こり、私がいくら説教したり、厳しいルールをつくったりしてもクラスが落ち着くことはありませんでした。困り果てた私は、クラスの中の係に「ケンカ係」という係を設

け、よくケンカをしていた子どもたちにその係になってもらいました。心の中では「自分が係になったら少しはケンカが減るんじゃないか」程度の気持ちでしたが、実際に係になった子たちがケンカをした子の言い分を聞いたり、話をしたりする仕方が本当に子ども目線で（あたりまえですが）説得力のあるものでしたし、守れるかどうかを自分たちで話し合い決めたルールですから、ルールも本当によく守るようになりました。幼稚園に入ったころもまったくよく似た状況で、経験も知識もない自分には、みんなに気持ちよく働いてもらうことぐらいしかなかったし、みんなで話し合っていくしかなかったのです。

家族のように大切にする

とくに保育を変えていくときには話し合い（合意形成）がとても大切で、その際、園長やリーダーの振る舞いが大切だとあらためて実感したころに「仲間研」に秦賢志先生[2]が入会されました。それ以来、私のファシリテーションの師匠として本当に大きな影響を受けました。秦先生のところでは、10年前にいいスタートをするために園でキックオフミーティング（合宿）をされているという話を聞いて、ひじりでもそのようなミーティングをしたいと相談したところ、一度4月に来てくださいました。

秦先生のファシリテートで、仕事のことだけではなく、それぞれのスタッフが大切にしていることや子どものころに得意だったこと、自分らしく過ごす時間のこと、仕事以外の今年の目標やテーマソングに至るまで、オープンにして話し合いました。その時の雰囲気やその後の各チーム（各学年等）を見ていると、そのようなことをオープンにして話し合い、知り合うことで、それぞれのスタッフが安心感を持って自分を出すこと、受け入れられていると実感することがとても重要であることを学びました。

園長になるにあたって、父からこれだけは守りなさいと言われたのが「家族のように先生を大切にしなさい」という言葉でした。先生方は自分が大切にされていると思えるからこそ主体的に保育ができるし、受け止められている安心感があって自分の考えや思いを出せます。それは、いいことばかりだけではなく、自分の困っていることも言えるということです。こうして、お互いの困っていることがわかり合っているからこそ、自然と助け合えるのでしょう。父がそこまで深く考えていなかったかもしれませ

[2] 学校法人小寺学園はま幼稚園理事長。（公財）全日本私立幼稚園幼児教育研究機構研究研修委員会協力委員。

んが、幼稚園というところは「家族」のような空気が流れている場所であってほしいという遺言だったのかなと、今にして思っています。

ひじりの新任採用方法

そういえば、13年間勤めた追手門学院小学校でも先生同士が家族という感じでした。学院の創設者の高島さんという方は、薩摩藩の西郷さんや大久保さんと同じ町の出身で、明治天皇の教育係だった方でした。私が採用試験を受けた1983年は、30代や20代の方が面接を担当されていて、ほぼ採用が決まった段階で校長先生や教頭先生が最終面接をする形でした。勤めてみて感じたことは私立小学校故の仕事の大変さと、そこで支え合う先生方の関係性の素敵さでした。多少厳しいことがあっても、同僚とのいい関係に支えられて頑張れるということを実感しました。

園長になってからも応募者をできるだけたくさんの先生たちに見てもらい、家族を選ぶように採用試験をしたいと考えて、その方法を続けています。ですから採用試験の合否では園長も副園長も主任も等しく1票を持って決めています。それでも不思議なことに、みんなが実際に選ぶ人はほとんど一致します。

選ばれる人、勤めてから伸びる人の特徴は、いい振り返りができる人です。採用試験では子どもたちの前で実際に短い設定保育をしてもらうのですが、そのときにうまくいく、いかないではなく、後でいい振り返りができる人が伸びます。子どもと向き合っている自分をもうひとりの自分自身が俯瞰できるという感じです。それから自分の思いをオープンにできることも大切です。前述したように自分が困っていることもオープンにできるからこそ周りが助けることができます。「大丈夫？」と訊ねられて「大丈夫です！」と笑顔で答えていた新任が、突然仕事に来れなくなるような話を聞くことが近年多くなっていますが、自分をオープンにできることはとても大切なんだと思います。いくらいいお医者さんでも患者さんに様子を聴いて熱があるのか咳がでるのか「それは言えません」と言われたら治療はおろか、診断もできない感じでしょうか。

自然にフォローし合える関係性は、困っていることに気づく先輩の優しさ（かつて自分も助けてもらった経験）と自分の思いを安心して出せる後輩との関係性の中で培われたもののように思います。

2 『新任の教育課程』をつくる

　近年、社会や保護者から乳幼児期の保育・教育に求められるものがとても増えてきており、保育者の仕事も大変になってきています。そうした中で、新任の育成・定着はどこの園でも大きな課題になっていて、支援体制づくりや先輩保育者の配慮など、その具体的なあり方で悩んでおられます。本節と次節で紹介する、園ぐるみで新任保育者を支え・育てるせんりひじり幼稚園の取り組みは、大変ユニークで豊かな内容をたくさん含んでいます。園長と副園長、そしてリーダーのひとりである藤原晴子先生に平林がインタビューし、まとめました。

　登場人物：**藤原**（藤原晴子　保育者、16年目　文中でははるこ先生）
　　　　　　安達（安達譲　園長）　**かえで**（安達かえで　副園長）
　　　　　　平林（平林祥　ひかり幼稚園）　（2016年6月収録）

新任がたくさん入ってくる！

平林：新任を育てないといけないというのは、具体的な理由があったんですか？　年少の保育が安定してきて新任を育てる余裕が出てきたからなのか、新任の数が増えて育てなければならなくなったとか。

安達：2014年4月に、箕面ひがし幼稚園の民営化を受けることが決まりました。その後に、結婚した3人の先生たちが続けておめでたとなって、産休と育休でしばらく抜けることがわかって、次年度から4人の新任の先生たちが入ってくることが決まっていました。

平林：なるほど。それで、次に入ってくる新任を育てる必要があることが明らかになって、どうやって育てていくかを考えることになったのですね。

藤原：そうですね。それで、何かの振り返りのときに、さとこ先生（経験27年、2014年当時、以下同）とまき先生（経験19年）、りぼ先生（経験5年）、私（経験14年）の4人くらいで、なんとなく「新任の教育課

子どもに至る

新任教育課程
★ "楽しいな"と感じられることを大切に…
★ "子どもが可愛い！"が原動力になるように…

	2月・3月	4月		5月	6月
保育・行事	●表現発表会（2月） ●卒園式（3月） ●お別れ会（3月）年中・年少	●入園式 ●始園日 ・自己紹介 ・笑顔で挨拶 ・手遊び ・紙芝居 ・名前呼び ・朝、帰りの挨拶 ●体操 ・体操をマネして踊る。	●個人懇談① ・メインは先輩保育者 ・あいづち、笑顔 ・顔を覚える ●クラス親睦会 ・ふれあい遊び ・子どもの遊びを見守る ●給食 ・配膳中の子どもを見る。 ・給食を先に食べ、終わったらおかわり	●親子遠足 ・一緒に楽しむ ・給食のインタビュー	●保育参観 ・流れは先輩保育者2人で前に立つ ●個人懇談② ・一言エピソードを話してみよう ・給食の片づけ流れ
実態	・いよいよ始まる楽しみと不安 ・いよいよ始まることが楽しみであるが不安 ・クラスに入らせてもらって「園の先生たちのようにうまくできるかなあ？」 「楽しみだなあ〜、○○とかしたいなあ」 ・卒園式やお別れ会の先生のうれし涙や子どもの様子を見て、期待に胸を膨らませる	・何もかもが不安 ・何がわからないかもわからない ・先輩保育者とうまくやっていけるか不安 ・保護者と話す時に緊張してうまく話せない。 ・子どもが可愛くて救われる。 ・子どもの前に立つと緊張して止まる… ・子どもへの関わり方がわからない	・子どもと1対1でつきっきりになる ・周りが見えない ・先輩保育者がいるのが心強い。 ・個人懇談でほとんどしゃべれない。 ・子どもへの言葉掛けがわからない ・ピアノの練習をしていても子どもの前だと弾けなくなる。	・給食が食べれない給食の援助、どこまでしたらいいかわからずつきっきり ・プレッシャー先輩みたいにできるかどうか… ・泣いている子への対応がわからない ・ケンカやトラブルの仲裁の仕方がわからない。 ・子どもの行動（ケンカや危険）に気づけない。	・毎日追われて必死 ・行事になると頭が真っ白… ・笑顔が減っていく… ・声が出ない・通らない ・自分のやっている事があっているかわからない… ・子どもの前で妙な間が空く ・自分にできる事を探すがあたふた…
配慮・こころもち		・毎日来てくれるだけでOK ・褒められる所を見つける。 ・挨拶のみでもOK！できる所だけ。 ・できなくても責めない！ ・はじめの1週間で全員の保護者に電話連絡。 ・ペアの先生との早めの関係作り。 ・学年の話しやすい雰囲気 ・担任の名前を覚えてもらえるようよく呼ぶ。		・笑顔で子どもの前に立てるだけでOK ・子どもと信頼関係を早く築けるようフォロー ・信頼関係を失わないようにフォローする ・同世代の先輩にフォローをお願いする ・近い先輩がモデルになる ・保護者と信頼関係が築けるよう細かいチェックをする。	
	○新任研修 ・クラスに入り、一日の過ごし方保育者の関わり方等を学ぶ ・ラーニングストーリーの視点で写真を撮り、新任同士で育ちを語り合う。 ・新任と1年目・2年目の保育者とワークを実施 楽しみなこと（楽しかったこと） 不安なこと（困ったこと） それをどう解決していくか	☆先輩についていく！！ ・間違って当たり前！ ・先輩のマネから、とりあえずやってみる！	・最初は学年共通のコーナーや一斉の活動も取り入れながら、クラスの興味・関心に合わせて変えていく。 ・学年で日々共有し、マネをしながら実践してみる。		

＜環境設定、コーナー作りのサイクル＞

提案 → 振り返りアドバイス → 一緒に具体化 → 実現 → 提案

・素敵なアイデアをありがとう。（提案した姿勢を肯定的に評価）
・楽しかったね！
・こうしたら良かったね…

4章　家族のように大切にし合う「同僚性」

7月	9月	10月	11月	12月	1月	2月	3月
●七夕まつり ・2人で流れを確認しながら一緒に。 ・保護者に挨拶やってみる。	●敬老の集い ・前に立ってやってみる ●誕生日会 ・係りが順番に回ってくる（司会、ピアノ、劇） ・自分で覚えたものをやってみる。 ●きらきら広場 ・子どもと一緒に楽しむ	●運動会 ・行事には少し慣れてきた ・競技は楽しめる ・担任が伝えた後に、副担が補う ●クラス懇談会 ・落ち着いて進められる ・保護者の目を見て伝え、笑顔で進める ・学年の前で体操、手遊び	●秋の遠足 ・人数確認 ・全体への声掛け ・バスレク ●つくろうDAY ・ごちそう様のタイミングを意識する ・学年の司会に挑戦	●個人懇談③ ●おもちつき		●表現発表会 ●個人懇談④	●お別れ会 ●卒園式
	保育（行事）に追われながらも保育を楽しみたいという意欲を持つ			子どもの成長を喜ぶと共に自信を持つ			
・日々のコーナー設定に悩む。 ・私の話を聞いてくれない…	・4月の初めの状態に戻る ・少しの間が不安 ・迷いながら保育をしている ・話がまとまらず、ダラダラと話してしまう	・声を出すが聞こえない、全体を見て動けない 子どもの声を聞いて、コーナーを考える姿が見られる。	・臨機応変が難しい ・保育の時間配分がうまくできない ・園外に出るだけで緊張	・自分が前に出て保育を進めようとする。	・発表会で自分のやりたい題材を選ぶ。進めたり、表現を引き出すのは難しい。 ・個人懇談で保護者から感謝を伝えられることが嬉しく、自信となる。	・子どもの成長が嬉しい反面、お別れがさびしい。 ・後輩が入ってくることで先輩になる自覚を持つ。
・子どもになめられているんじゃないか…	・始園日、久しぶりで子どもの前に立つと緊張。 ・間が空くと何をしていいかわからずオドオド ・伝えたいポイントまとめられず、伝わらない ・判断ができずオロオロ	・大勢の保護者に緊張し声が出ない ・競技は楽しめるが全体への声掛けが届かない	・咄嗟の判断ができず、動けないで固まってしまう ・ケンカの仲裁に時間がかかる（納得させられない）				
・子どもの前で話しやすい雰囲気を作ってからバトンタッチ！ ・少しでも楽しさを感じられるよう褒める。 ・その日の振り返りとアドバイスを大切に。	・1から丁寧に子どもと同じように伝えていく。 ・間が空くと、交代して前に出たり、話を投げかる ・話のポイントを繰り返し伝える			・次年度を視野に入れ、できるだけ任せることをあらかじめ伝えておく。 ・他のクラスも見に行ける時間を設け、他の先輩からも学ぶようにする。	・発表会では自分の思いを出せるように配慮する。一緒に考えて進めていく。 ・やって良かったと思え、次回も前向きに取り組めるようにする。	・自信が深まるように努力や成長を褒める。 ・4月から入ってくる新任の研修等をサポートする機会を設け、自覚を持つと同時に成長の機会とする。
	☆先輩と一緒にやってみる！！ ・子どもの姿を見て、一緒に遊び、コーナーを作っていく。			☆先輩よりちょっと前に出てやってみる！！ ・積極的に前に出てチャレンジ！ ・必要なところでフォローを入れてもらう。			

STEP1
どんな姿から、どうコーナー・遊びを広げていくか…
先輩が手本を見せながら一緒に環境、教材を準備していく。

→

STEP2
「こんな姿があるから、広げてみたい！」「やってみたい！」を提案し、アドバイスをもらいながら必要な環境、教材を準備する。

→

STEP3
一連の流れを自分でやってみようとし、フォロー、アドバイスをもらう。

程」をつくったんです。そのときのつくり方は、まず学期と月に分けて、そこでする行事をポンポンと挙げていって。「このときにはこんなことをするね」と大まかなことしかできなくて、もう全然形になっていませんでした。そこで、岡先生が園内研修に来られたときに見ていただいて、「新任の実態やペアの先生3)の配慮も入れてみたら？」とご助言いただきました。

『新任の教育課程』ができるまで

安達：そこで、1学期の終わりの振り返りでは、2グループに分かれてワークをしました。一つは、1・2年目の若手の先生たちのグループ「フレッシュガールズ」（3年目のもとみ先生がファシリテーター）、もう一つは、1年目の先生と組んだ経験の豊富な先輩のグループ「チームあねご」（自ら命名（笑））でした。「チームあねご」は、はるこ先生とまき先生、ゆみ先生（経験9年）、ありさ先生（経験11年）の4人です。

　このワークでは、写真①（次頁）の付箋にあるように、若手の先生たちが先輩のサポートに支えられ、子どもたちの成長を自らの喜びとして無我夢中で1学期を過ごすことができたことがわかりました。

　また、チームあねごでは「新任といえどもこうあるべき」という意見はまったく出なくて、そのときの新任の実態に合わせた援助をする先輩の姿が浮かび上がりました。1学期は先輩が前に出てモデルとなり、2学期は新任と一緒に保育を考え、そして振り返り、3学期は新任に前に出てもらって、自信を持って次の年度に新しいクラスでがんばってもらいたいという、優しさにあふれたシートができあがりました。

　僕は、子どもの成長を支えながら、後輩のことをものすごく思いやっている先輩の姿に感動して、写真を何枚も撮りました。また、「新任の実態」→「経験してほしいこと」→「あねごたちの配慮」という構成は、まるで保育とまったく同じでした。人の成長を支えるってこういうことなんや、と人を育てることの共通点を見つけたように思いました。

　そのときにあねごの先生たちが、「2学期に新任が『こんなことをしたい！』と提案してきたときに、『じゃあ、一緒に考えよう！』と一緒に考えて、具体化して保育をしたあと、いい振り返りをすることが大切です」って力説してたんですね。それが、写真②の中央の経験して欲し

3) せんりひじり幼稚園では3歳児は2人担任制で新任は先輩保育者とペアを組んで1年目を過ごすことが多い。

4章　家族のように大切にし合う「同僚性」

写真①　フレッシュガールの1学期の振り返り

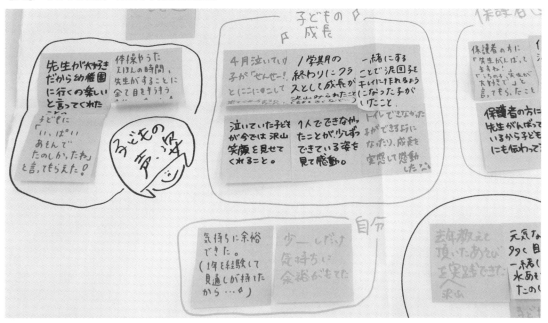

写真②　「提案→一緒に考え・具体化・実現→振り返り」のサイクルを経験する

いサイクルです。

　岡先生と僕で「先輩たちの配慮ってすごいですね」と話しているうちに、いつしか『新任の教育課程』というネーミングになっていました。その後、2学期にはるこ先生を中心にブラッシュアップしてもらい、2015年の仲間研の新年会で発表して会員から意見をもらい、その年の8月の幼児教育実践学会[4]であつし先生たちが発表しました。

大切にしたい保育のサイクルを学ぶ

平林：具体的な技術や技能の獲得を重視するよりも、こういう保育がしたいと提案して、一緒に考えて実際にやってみて、できた・楽しかったという達成感を味わってもらって、子どもの姿を振り返って、だから次はこんな保育がしたい。このサイクルが回せるようになることを、一番大事にされているんですね。

　それは、はるこ先生が、ともみ先生やりほ先生とペアを組まれた経験から、そういうことをきっちりすることが一番大事だろうなと思うようになったのですか？

藤原：そうですね。私だって何年経っても完璧な保育はできないし、やろうとする姿勢や実際にやってみることが、新人にとっては一番大事なのかなと思って。それで、すごくよかったところと、こうしたらいいという課題があったら、今度はそれをやってみようって多分なるよね、と。

　他園の話になるんですけれども、新人がたくさん辞めていく状況があって。働き続けていくには、よいところを認めて、でも成長するように振り返りもしっかりして。新人の先生は、子どもの前に立つことが楽しくて、そこに達成感があるんだろうから、それを大事にしていこうと。

　せんりひじりの先生は、もともと「ちゃんとやってよ」なんて言わないし、思ってもいないので。やってみたことが「すごいよかったやん」って、みんな思っているから、温かい目で見ることができるんだと思います。自分たちもそうやって先輩たちに「失敗してもいいよ、なんでもやってごらん」と育ててもらってきたから、そういうふうに思えるんだと思います。

[4]（公財）全日本私立幼稚園幼児教育機構主催第6回大会、「子どもの『今』に寄り添い、子どもと『未来』をきずく」をテーマにし、郡山女子大学で開催された。

新任が書く『振り返りノート』

平林：保育の振り返りは、基本的にはペアになっている人たち同士でして、学年全体とかではしないのですか？

藤原：そうですね。ありさ先生たちが組んだ学年のときに、新任の先生たちが毎日『振り返りノート』というのを書いてきていて。そのノートに自分たちで毎日振り返りを書いてきていたのです。それにありさ先生とゆみ先生がものすごく丁寧に答えて書いていたんです。

平林：添削みたいな感じですか？

藤原：波線を引いたり、赤字でコメントを書いたり……。その様子を聞いて、それを私がやるとしたら見る方もしんどいと思うし、書く方も読む方も、えらいなと思って。

平林：新任のほうは、どれだけの分量を書けとは言われていないんですよね？

藤原：言われていないのに、ひとみ先生とゆい先生は、もう毎日びっしり書いてきていたんです。これは、書くほうも大変かなと思って。読ませてもらったら、「こういうことがあって、こうしたらよかった」みたいな反省の記述が多かったんです。いいところも書いて欲しいと思ったので、

・やってよかったこと、楽しかったこと
・こうしたらよかったな、という反省
・明日はこういうことがしたい、という課題

の３つを簡潔に書いたらいいんじゃないかな〜、と言ったんです。そうしたら、自分たちが「認めて欲しい」と思っていることを書いてくれるようになりました。

平林：それは、先輩に「こういうことも書いてね」と言われて書きやすくなったのでしょうか。

藤原：「こんなことをしたら、子どもが笑ってくれて、すごい楽しかった」とか……。私はそれを読んで、「この先生は、こういうことが楽しいんかったんや」と、書いてくれて気づいたこともありました。自分が楽しいだろうなと予想するポイントと、実際に新任が楽しいと思うポイントはきっと違うこともあるので。新任の教育課程をつくるときには、「あ

子どもに至る

何でも言い合える関係づくりを大切にして

のノートちょっと貸して。もう一回見せて」って頼んで、ちょこちょこ読みながらつくりました。

平林：なるほど。普段から一緒にいても、気づけないこともありますよね。新任の先生が振り返りノートで言葉にしているものと、両方を参考にしていたと。新任の先生は話しにくいけれど伝えたいことを知ってもらう手段を得て、ペアの先輩は見ているだけではわからないことを知る手段を得るわけですね。

伝えないといけないことは、その場ですぐに言う

平林：ペアの関係だけじゃなくて、教える立場の人同士の関係も大事なんじゃないかと思うのですが。

藤原：そのときは、まき先生が隣の隣のクラスにいたんで。「どう？」と聞かれて、「いやぁ、保育は難しかったです」とか、「何回言っても、うまく伝わらないところがありました」とか言って、「そうやんね、こうやって言っていかなアカンね」と聞いてもらうことで、切り替えもできたと思います。

平林：ペアのお二人の関係も濃密なんだけれども、自分は毎日顔を合わせているから、たまに違う立場の人から声をかけてもらう、みたいなことはないですか？

藤原：私は、けっこうはっきり本人に言って伝えていました。ともみ先生が本当にいい先生やったんで、困ることもなくて。「もう、とん（とも

み）ちゃん、今日もお帰りに間に合わんかったやん！ 13時に、こうしよって言ったやん。明日は時計を見ような」って直接言ったら、「はい。時計を見ろって言われていたけど、やっぱり見られませんでした」とともみ先生が返してくれて。そんなふうに毎日話していましたね。

平林：イヤな感じにはならず、でもちゃんと伝えないといけない。

藤原：そういう感じで。しかも、そのときにすぐに言ったほうがいいとも思っていて。ともみ先生もりほ先生も、すごく言いやすい先生でした。

　Iくんって覚えていますか？ 坊主頭の男の子。オラッ！ とかいう感じで。脱走したり、パトカーに乗ったり。Iくんが年少のときに私はりほ先生とペアを組んでいて、りほ先生はひたすらIくんを追いかけてくれていたんだけど、「先生が追いかけたら、保育の手が回らないから。他の先生に任せよう」とか。その場で本人にポンポンと言っていたかもしれません。いいのか悪いのか、わからないですけれども。

先輩とちょっと先輩は違う

平林：新任は、ペアを組む先生との関係が濃密なのか、という質問をしたときに「たぶんそうだけど、もしかしたら同期のほうがいいのかなと思うときもあるんです。だから、振り返りとかが終わったときに、早めに同期のところに帰してあげるようにしているんです」とりほ先生が言われて。てっきり、ペアが一番強いつながりだと思っていたので、そういうこともあるのか！ と驚きました。はるこ先生は、ともみ先生が同期の人と一緒に過ごせるように配慮されていましたか？

藤原：15時に職員室に戻って、その打ち合わせが終わってから、「先にお部屋に戻って話しておいで」とか「同期や隣にいる先生に聞いておいで」と言ったり。隣に2年目の先生がいたので、「用意しに行ったから、また見てあげて」とお願いしたり。同じ年少の先生でも、少し上の私たちには聞きづらいけど、1つ上の先輩や同期には聞きやすいことはあると思います。言いづらいですよね、向こうからこっちには。（笑）聞きづらいことも多分いっぱいあると思います。

平林：はるこ先生が言うことに関しては、構えずに聞くことができたとしても、向こうから話しかけるのはためらうだろうな、と。それはそうですよね。

新しい仲間を大切にする文化

平林：せんりひじりの特徴のなかで、新任育成のときにすごく大事だと思うのが、「毎日来てくれるだけでOK」「園の中に自分の居場所をつくってほしい」、ということを（「新任の教育課程」に）明文化して打ち出していることです。堂々とそう言える園は、あまりない気がします。

　　はるこ先生は、4月には意識して関係をつくりたいと言っていました。まずはそれがないと、保育もしにくいだろうと考えておられるのだと思うのですが、それは自然とみんなそういうふうに考えるものですか？

藤原：そのことは、みんなで話していたときに、一番最初に出てきたと思います。

平林：あえて意識している、というよりも伝統的なものというか、自分たちもそうしてもらってたし、今度は自分たちがしてあげよう、という雰囲気ですか？

藤原：自分の1年目のときよりも、今のほうが大変やろうなと思うんです。仕事の量も、内容も。今の先生のほうが、大変やし、偉いなぁって思うんです。他園に勤めている友だちからは「今の1年目は仕事ができない」という話を聞きますが、せんりひじりの1年目はものすごくしっかりしています。仕事量もすごく多いし、辞めんと来てるだけでも偉いなって、本当にすごいと思います。

平林：ご自身の1年目の記憶と照らし合わせたときに、仕事量が多いというのは具体的にはどういう部分でですか？

藤原：自分の1年目のときの記憶は、必死すぎてないんです。（笑）でも、今の先生はすごいなと本当に思います。

平林：振り返りとか、記録とかですか？

藤原：レベルが上がってきているじゃないですか、せんりひじりの。1年目の自分が今いたら、たぶんついていけないやろうな、って思います。

平林：今の1年目の人も、たぶん必死で周りのことは見えていないと思うんですけれども。

藤原：それは、見えていないだろうと思いますけれども。ポートフォリオの取り組みとかをみると、1年目の私は、子どもの育ちをちゃんと見て

いたかな、って。そう思うと、今の先生たちはよく見ているなぁって。
平林：それは逆に言えば、先輩が他の仕事はフォローするから、子どもの育ちをちゃんと見てあげてね、子どもが育つことを喜んであげてね、と支えてあげているからこそできている、ということではありませんか？
藤原：（笑）自分が１年目のときも、周りの先生がいろいろしてくださっていたと思うんです。でも、それにも気づいていないくらい、自分のことで必死でしたね。
平林：仕事の量が増え、質も高くなり、忙しいなかで、経験してほしいことを整理して優先順位をつける、という流れで新任の教育課程が作成されたのだと思います。最初は、先輩を見本として真似をしたり、とにかく先輩をよく見てついていて、とか。子どもの前に立てるだけでOKとか、子どもと信頼関係を築いてとか、を優先して、それ以外のことはフォローする、みたいな意識ですか？
藤原：心持ちはそうですね。１日に１回は「子どもと関わって楽しい、来て楽しかったな」と思えることがないと、続かないよね、と新任の教育課程をつくりながら話していました。４月は来てくれるだけで充分、５月からは前に立って楽しいと思えるようになってほしい、とか。
かえで：来てくれるだけでいいっていう。
藤原：来てもらわないと、クラスが回らないですからね。（笑）

自分がしてもらえたように、後輩にも

平林：保育者の発達を追っている研究でも、個人を追跡するものばかりで。その人が成長するうえでは、その成長を促したり支えてくれる子どもや同僚の先生、先輩が絶対にいるはずなのに、そういう周辺との関わりを捉えた研究がないんですよ。なので、せんりひじりでの実践は、すごく価値のある、大事なことだと思います。

　園によっては、最初にピアノが弾けないととか、手遊びができなければならないとか、技術的な熟達が重視されます。「子どもをよく見て」と言うことは少ないけれど。園にいることが楽しいとか、自分が子どもの育ちを見取れることの喜び、子どもが育つことの喜びを感じてほしい、という園ってあまりないんですよね、きっと。それは大事なことのはずなのに。子どもが見えていないなら、どういう手立てをするのか、

それをどう判断して決めているのか、ということじゃないですか。

藤原：先輩たちが「いいよ、いいよ」って私たちにも言ってくださって、私たち後輩を見る目がすごく優しいんです。そう言ってもらえたから、自分も優しくしてあげようと思えるんです。

平林：やってもらったことを思い出して。

藤原：園長先生、かえで先生が、こう「いいよ、いいよ」って。主任のあつこ先生からも「それでいいやん」と言ってもらえるからこそ、できると思うんですよね。もし自分が怒られていたら、多分きつくなっちゃう。

平林：後輩にも、子どもにも。

藤原：絶対そうだと思います。みんなが働き続けられるのは、園長先生とかえで先生がみんなに優しいからだと思います。

平林：新任の教育課程が整備されていたとしても、自分が1年目のときに肯定的・援助的に関わってもらっていない人は、後輩にそう接することが難しい気がします。新任の教育課程の話の前に、家族のように職員を大事にするという園の風土が根っこにあるように思えるのです。

藤原：みんなが辞めないというか、続けられるのは、絶対それだと思うんですね。自分が大事にしてもらっているから、子どもも後輩も大事にしようって。

平林：その中でもやっぱり、これは今の時期にして欲しいな、ということがあるわけじゃないですか。それをこうして「新任の教育課程」という形で整理されていることには、きっと価値があるはずです。

「第6回幼児教育実践学会」の口頭発表終了後。前列左は園長、右が岡先生、後列左から、りほ先生、ゆか先生、かえで先生、えりか先生、あつこ先生

4章　家族のように大切にし合う「同僚性」

3 はるこ先生と新人ともみ先生の1年間

　ここからインタビューは「新任の教育課程」（P118-119）を引き合いにしながら、藤原先生が新任のともみ先生とペアを組んだ1年間の様子について月を追って入っていきます（文中の『』内は教育課程に記載）。そして、このインタビュー原稿を読んだともみ先生から、そのときの心境などをつぶやいていただいた言葉を欄外に添えてあります。登場人物は前節に引き続き同様です。

新年度が始まる前の準備

平林：『"楽しいな"と感じられることを大切に……』
　　　『"子どもが可愛い！"が原動力になるように……』
　これが、4月からの年間を通したねらいになっています。「新任の教育課程」には2月・3月のがあるんですね。まだ学生のうちに研修に来てもらっている。入る前から、かなりちゃんと準備していますよね。そのころは、どういうことをねらいにしているんですか？

藤原：最初は4月からだったんですが、園長先生に「入る前にも、することあるよね」と言われて＊。そのとおりだな、と付け足しました。
　4月は最初に入園式があるじゃないですか。そこには保護者が来るし、ものすごく緊張すると思うので、その前に子どもの前に立つ経験をしていれば、少しは違うかなと思いまして。入るクラスはずっと固定して来てもらっていたので、「今日はこんなんしてくれたから、明日はこれやってくれる？」って、経験を積み上げることができました。ともみ先生から、その研修中は「今日は紙芝居を読めた」とか「今日はピアノを1曲弾けた」というちょっとしたことで、「『やった！』と思って帰りました」とすごく自信になったと聞いて。なにか1つでもやってもらって、できたと感じてもらうことはすごい大事やね〜、と。

平林：なるほど、研修期間のうちに、子どもの前に立てた成功経験を少し

＊3月に、1年目を終えた先生と、これから勤めはじめる新任の先生とでワークをします。1年目を終えた先生には「1年間で楽しかったこと」と「困ったこと、悩んだこと」を、これから勤め始めるにあたって「楽しみなこと」と「不安なこと」を出し合ってもらいます。それを見て話しながらアドバイスをもらいます。

129

でも味わってもらうのですね。

藤原：ともみ先生が「めっちゃ緊張したんですけど、やってすごいよかった」と言っていたので、イヤかもしれんけど毎日出てもらおう♪　と思って、けっこう毎日「出て、出て〜」とやってもらっています。

怒涛の４月！　できることを少しずつ

平林：そういう経験をして、４月を迎えると。

藤原：４月は、こっちも必死で。

平林：そうですよね。新任をフォローするよりも、子どもたちを見るほうが優先順位が高いですよね。

藤原：そのときには、うまくフォローしてあげたり、声をかけたりがなかなかできなくて。保育はほぼすべて私がやって、名前呼びだけしてもらったり。いいタイミングで子どもをみんな集めて、一つだけ手遊びをしてもらう、みたいな感じで。ともみ先生には自信をつけてもらいたいし、「自分のクラス」って思ってもらいたいので、私が役割を取り過ぎないようにしながら、ですかね。

　新任のときは、１人の子どもと関わっちゃったら、もうその子どもとの関わりだけで１日が終わる感じで。「今日はこの子しか見られていなかったです」と振り返りでともみ先生が言うのですが、「１人でも見られたら、それでいいやん。それを26日続けたら、26人見れるやん」と伝えていました。もうなんでも、「ええやん、ええやん。自分もそうやった、そうやった」って言いながら。こっちも余裕がないし、とりあえず来てね〜、と話していました。

平林：４月には、子どもたちが降園してからはどういうお話をされていたんですか？　「こんなことあったね、明日こうしようか」という振り返りですか？

藤原：そうですね。クラスの子ども全員の名前が入った個人振り返り表があって、１週間で１枚、26名全員の個別の振り返りを書けるようにやっていこうと話していました。見ていない子どもの欄は埋められないので、「じゃあ明日は、この子を意識的に見られたらいいよね〜」と。

　あとは、トイレの中まで入っちゃうと部屋の中が見えなくなるから、トイレのこのあたりに立って入口と中をうまく行き来しながら、部屋の

> つぶやき
>
> 担任をもつのはあこがれでした。でも、スキルもないし、想像もつかなかったので、楽しみより「できるかな〜」と不安いっぱいのはじまりでした。

> つぶやき
>
> ４月はもう、本当に何にも出来なくて、反省しかなくって……、こんなふうに言ってもらえてすごくありがたかったです。

4章　家族のように大切にし合う「同僚性」

見える位置にいてくれたら、もうちょっと助かるな、とか。細かいことなんですけれども、ちょっとしたポイントを1つ2つ、明日はここを意識して欲しいな、と伝えていました。

「しんどいなぁ、しんどいなぁ。しんどいって言ってもいいねんで」って、こっちも余裕がないので、それしか出てこないんですけれども、そういうことを言ったり。「あの子こうやったな」って、笑える話をしたりとか。そんなふうにしていました。

それと、4月は意識的に、プライベートな話を保育後にしていました。「お休みなにしてる？」とか。まず信頼関係を築くことをすごく意識しましたね。この先生はどんな人かっていうのを、私もそうしないと掴めないので。落ち込みやすい人なのか、切り替えられる人なのか、とか。早く話しやすいって感じてくれたらいいなと思って。どの先生も、早めの関係づくりは大事だと実感しています。

平林：子どもとの関係づくりだけでなく、先生同士の関係づくりでも、相手のことをわかりたいし、相手にも自分のことをわかってもらって信頼して欲しい、ということですね。

頭が真っ白……　の初めての懇談会

藤原：3日目くらいから、すぐに個人懇談が始まるんです。その日に5人来られるとしたら、「今日はこの5人が懇談やから、その子たちが何をしていたかだけは、がんばって見て覚えてようか。途中でメモとってもいいよ」と朝に言っていました。

平林：1クラスが5分割されて、順番に懇談に来るということですか？

藤原：はい、5日間くらいかけて、1日5人ずつ。保育が終わってから「こんなことをしてた」と確認をして、それだけは言おうって。ただ、1人、2人と懇談が進んでも、うまく話すのが難しくて。

「Aくん、今日は積み木してたねぇ」と話をふってみるのですが、
「はい、積み木してました……」
「そやね、楽しそうやったね！」と言っても、
「楽しそうでした……」
って頭が真っ白になっていて。紙に書いていても、うまく話せなくて。それが2人、3人と続くので、4人目の前に「メモを持って、チラッと

つぶやき
研修中、はるこ先生にはじめて出合ったとき、気さくに声をかけてくれて、明るくてやさしい先生だなぁ〜と。ペアになれてよかった！

＜園長の内輪話＞
ペアの組み合わせは悩みどころ。3月に新任さんたちに、自分は厳しくされて育つタイプか、やさしくされて育つタイプかを尋ねたら、ともみ先生は「やさしくされたい」と言ったので、じゃあ、はるこ先生と組み合わせよう、となった次第。

見ながらしゃべっていいよ」と言いました。「Dくんは、Eくんと積み木をして遊んでました」と一言でも言えたほうがいいと思って。保護者には、新任だけど一所懸命に子どもを見てくれて、がんばってるな、と思ってもらえたらいいなって。あとは笑顔を忘れずに、笑って相槌を打ってくれればいいよって。それと、最後に「ありがとうございます。また明日からよろしくお願いいたします」と挨拶だけは絶対に一緒に言おうね、と。

つぶやき
前の日に子どもの記録を読んで、園での様子などをメモにしてあったのに、いざとなると「何言おうと思ってたんやろ」と全部忘れてしまって……。けっきょく何にも言えずに、情けなかったです。

先輩のさりげない配慮

藤原：あと、「ともみ先生」という名前や音の響きを子どもに早く覚えてもらいたかったので、すごく意識して、一日に何回言うんやってくらい、
　「ともみ先生どーこだ」
　「ともみ先生はどこにいる？」
って子どもたちに声をかけていました。覚えてもらったら、家でもお母さんに言ってくれるかなと思って。

　そう思えるのは、自分が年いったからなのかなって思いました。もう少し若いときに組んでいたら、「自分も……」って思っていたかもしれないですが、ぜんぜんそういうふうに思わなかったので。これくらい年齢があくと、こうやって育ててあげたいと思えるようになるのかなって。女性同士で組むことが多いので、そういうのって、ありそうな気がします。

つぶやき
このときから、すごい気づかってくださってるな〜と思ってました。前に出やすい雰囲気をつくって、いつもパスしてくださってくれていたので、「すみませ〜ん、ありがとうございます」ばっかり思ってました。

新任と先輩の関係づくり

平林：新任の教育課程の【実態】の欄（４月）に『副担とうまくやっていけるか不安』という記述があって、そんな余裕があるんだとちょっと驚きました。毎日が必死なわけじゃないですか。そのなかでも新任の先生は、組んでいる先輩との関係を気にしているんだ、というのが意外でした。

藤原：たしか、振り返りノートに書いてきたんですよ。
　「はるこ先生に、迷惑ばっかりかけてるんじゃないか」
　「自分は今日一日何もしてこなかったから、大丈夫か」
と。私にどう思われているか、ということも不安だって書いてきていた

んです。

平林：それは、はるこ先生が読むことがわかっているノートに書いているんですよね？　自分の不安をはるこ先生に伝えても大丈夫だ、という信頼関係はできているということですよね。

藤原：そうですね。向こうがそう思っているなら、もっとこちらが意識してあげないといけないなと思いました。

必要な経験を、時間をかけてする5月

藤原：5月は、子どもと一緒で、連休明けに来てくれるかな？　というのがあって。（笑）

「リフレッシュしておいでね！」

「○日、待ってるからね！」

と、子どもと同じように声をかけていました。「疲れるね」と一緒に話して。

　うちのクラスは、この時期にケンカがすごく出てきて。ともみ先生はまだうまく対応もできないから、いったんケンカに関わると30分くらいかかって。でも、それは必要な経験かなと思っていました。

平林：はるこ先生もその場にいてフォローするのではなく、ともみ先生がひとりでなんとかしようと対処する経験をする、ということですか？

藤原：私が代わりに入ったら、たぶん早く解決することなんですけれども、ケンカの度に私が行けるわけじゃないですし、自分で対応する中でいろいろと気づいたり考えることもあると思うので。でも、1回ケンカが起こると30〜40分はテラスで話をしていたので、それで1日が終わってしまう感じでした。でも、そういう時間も大事かなと思って。経験して欲しいことは、時間をかけてでも経験してもらいたいなって。

　もうちょっと周りにも目を向けて対応して欲しいときは、その都度その場で声をかけていました。たとえば給食のときは、1人の子どもについて食べさせ始めたらそこだけ、みたいになっちゃったので、何日かしてから「先生、ここもちょっと見ていかなアカンから。ある程度、こういうふうに声をかけて区切りをつけていこうか」とか。

　保育中も、迷っていたり、きっと今こういうことで子どもの対応に悩んでいるんやなと思ったら「どうしたん？」と声をかけて。「給食をい

つぶやき
「ケンカは苦手」もあるのですが、子どもの性格がつかめてなくて、どんな声をかけたらいいか迷うし、どう終わらせていいかがわからずで、むずかしかったです。

らない、と言われて、ウロウロどこかに行っちゃって、どうしたらいいかわからない」とか。その場で聞けるときは、聞いていました。

ちょっとがんばって欲しい6月

平林：一番大変なのは、やっぱり4月ですか？

藤原：そうですね。4月は、新任がひとりで子どもの前に立てるわけがないと思っているから、大変なんですけれどもあまり気になりません。5・6月くらいになって「もうちょっとがんばって〜や」とこちらに欲が出てきてしまう時期のほうが、大変かもしれません。

平林：6月は。

藤原：『笑顔が減っていく……』（笑）お互いこの時期は、ちょっと疲れていたような気がします。2ヵ月経つとこちらも「ちょっと」と期待してしまうんですね。

　少しだけ空いたこの時間に何をすればいいかわからない。なんとかしてくれるだろう、と向こうは私を頼ってくる。でも、私はそこはちょっとがんばって欲しい。みたいに、お互いがお互いに。

平林：譲り合いというか。

藤原：私は、そのヘルプの視線に気づかないフリをして、他の子どもの世話をしたり。「そこはがんばってや」と思うんですけど、向こうもどうしたらいいかわからない。変に時間が余ったり、足りなかったりして。6月はけっこうしんどかった気がします。

平林：おんぶだっこのところから、少しずつ共に立てるようになって欲しいのですね。

藤原：1学期も終わりに近づいてくるので。

平林：ぼくは「何をすればいいかわからない」「合っているかわからない」と思っているのは、わからないなりに何とかしようと試行錯誤しているのかなと思ったんですけど、そうではなくて「わからないから助けて！」ということですか。

藤原：まだこの時期には、自分でどうこうしようってところまでいかないですね。でも、こちらが多くを求めてしまっていたとも思うんです。「1学期も終わるし、ちょっとがんばってや」と期待していたのかな。向こうがめっちゃ求めてきているのも、焦るのもわかるけれど、「がん

つぶやき

しんどくて、「ちょっと助けて〜」と思うんですけど、「でも、やらな、いかんやろな〜」「なにをしたらいいんやろ？」と、けっきょく助けてもらうことが多かったです。次の日の教材準備にしても、手際が悪いのと何もかも初めてのことなので、時間がかかるばっかりで、この頃は疲れてお風呂にも入らず寝てしまったことも。

4章　家族のように大切にし合う「同僚性」

> つぶやき
> ちょっと視線が恐い時期もありました。（笑）でも、いつまでも甘えてられないので、自分がやらないといけないなと。

ばって！」ってちょっと突き放していたような気がします。

平林：多くの園では、支援体制がここほど整備されているわけではない中で4月からそういう状況ですからね。言うたら、6月は、そろそろひとり立ちを促され始める時期なんですね。

2回目の懇談会

平林：で、また懇談がくると。

藤原：懇談では、メモを見ながら「こんな遊びしてました」と棒読み気味にでも話していました。私も、保護者との「間」が怖くてポンポン話してしまうんで、私がもう少し待てれば、ともみ先生はもっと話せたのかな、と思うんですけれども。私だけがしゃべってしまったかな～って。

平林：4月から6月までの間には、お母さんと信頼関係を高める機会は、懇談と親子遠足、給食当番くらいで、機会は少ないのですか？

藤原：近隣の人とは、送迎のときに話す機会があります。それと、1学期はけっこうマメに電話をしていました。大きなケガやケンカなど、対応が難しい件は私が対応していましたが、ちょっと余裕があるときなんかは「こんなふうに友だちと遊んでいました」という電話をともみ先生にかけてもらっていました。保護者にも、何かあったときだけの電話と思われたくないですし、子どもの園での様子を聞けたらお母さんもうれしいと思うので。なので、お母さんとはけっこうしゃべってはいると思うんです。でも、懇談の場になると言葉が出てこないんですね。「1回目とあまり変わらなかった」と本人も言っていたくらいで。

> つぶやき
> （電話かけの時）最初の頃は横で晴子先生が「ウン、ウン」とうなずいてくださったり、言葉に詰まったら口パクで教えてくださったり、安心して電話することができました。

視野の広がる7月

藤原：7月は、悩みの質が変わってきて、

　　『日々のコーナー設定に悩む』
　　『私の話を聞いてくれない……』
　　『子どもになめられているんじゃないか……』

とか、成長がすごく感じられました。

平林：面白いですね、『子どもになめられているんじゃないか……』って。（笑）

藤原：振り返りのときに「私が話してもぜんぜん言うことを聞かなくて、

はるこ先生が一言いうと聞くんですぅ〜」ってよく言ってました。（笑）「私の話も聞かんかったら、もう終わってるわって。（笑）言うこと聞かせてんねん、ごめん！　でも、仕方ないよ。優しい先生と厳しい先生と、子どもはよく見てるよね。それでええやん」って言ってたんですけれども。

平林：自分の目の前のことで精一杯だったのが、ちょっと視野が広がって、子どもたちに目が向いていっているということですよね？

藤原：自分が子どもに話しても言うことを聞かない、私が話したら聞く、ということも見えてきたり気づくようになったみたいで。一学期のうちに、こんなことを考えられるようになってくれて、とすごくうれしかったです。

平林：そういうふうに新任の先生の目のつけどころが変わってくると、サポートの仕方も変わってくるでしょうね。

藤原：行事のときは、やっぱり緊張するのか「あぁ、やっぱりぜんぜんやった」（笑）ってなるんですけど。抱える悩みが、それまでとぜんぜん違うものになって、そういう悩みが出てくるということがすごいよね、と言っていました。

　「あとちょっとで夏休みが来るから、がんばろうな！」とお互いを励まし合って。

4月の状態に戻る…!?　の9月

平林：「教育課程」の9月の実態に、『4月の初めの状態に戻る』とあります。

藤原：最初の数日は、緊張したりオドオドして、なんかぎこちない感じで「どうしたん？」って声をかけたんですが、「久しぶりに子どもの前に立って、緊張して声が出ない。すごく緊張した」と言ってました。私の中では成長した7月の姿で終わっていたけど、ともみ先生はまた4月の最初の感じなんやな、子どもと一緒なんやな、と思いました。

　子どもに話をするときも、何の話をしていたのかがわからなくなって。何が言いたいのか、という要点が、子どもにもわからないことが多くなって。それで、明日の保育をするときの導入とかの、子どもの前で話すつもりのことを、お風呂でもいいし、寝る前でもいいから、一度声

つぶやき
ほんとに「元気」なクラスだったのですが、はるこ先生が話すとシーンとなる。「あ〜、今日もダメだった」と落ち込んでました。

つぶやき
同期のこととディズニーランドに行ってきました！　保育の本もちょっと読みました！

> **つぶやき**
> 自転車通勤なので、ペダルをこぎながらブツブツ声に出して練習してました。

> **つぶやき**
> 競技中は本当に楽しかったんですが、終わりの頃には子どもたちもばらついてくる中で、終了のあいさつなど保護者の方にきちんと伝わるようにできたかどうか…？

に出して練習してみたほうがいいよ、と2学期のはじめに声をかけていました。行事も増えてくるので、まとまりのある話をして欲しくて。

平林：それは、すぐに慣れて7月の成長した姿に戻るのではなく、9月に再開してからしばらくはそういう調子だったんですか？

藤原：9月後半くらいまでは、そうです。そのころにやっとペースが戻ってきたような感じがします。

平林：運動会の練習とか、始まってる時期じゃないですか？

藤原：うちの場合、年少は全然「運動会！」って感じじゃなくて、本当に日々の保育の中でしていることをする感じなので、運動会は子どもと一緒にすごく楽しんでいました。

自分で考えた保育を実践する10月

藤原：『子どもの声を聞いて、コーナーを考える姿が見られる』というのは、秋が近づいてきて、コーナーを充実させようという時期に、こういった姿が出てきたんだと思います。自分で図書館へ行って調べたりして、「自然を使ったこんな遊びをやってみたいんです」と提案してくれて。そういう姿勢はうれしいなと思うので、持ってきたものを実践させてあげたい。でも、年少にはちょっと難しいものだったので、少しだけアレンジを加えて「やってみ」と言いました。やってみたら、子どもがすごい食いついた。それがすごくうれしかったみたいで、そこから準備への意欲や姿勢がぜんぜん違ってきました。自分が考えてきたことを実践できるって、やっぱり楽しいんですね。それを考えてきたり、用意してきたりすることが、偉いなぁっと思って。こういうのが『提案したことを一緒に具体化』やなと私も意識できました。

平林：それは「そろそろ案を出してみる？」とはるこ先生が迫ったわけではなく、この時期になると自然と出てくる姿なんですか？　コーナーを充実させたいね、と。

藤原：「自然物でなんか遊べたらいいよね。去年はこんなんしてたよ」とは言ってました。去年と一緒のことをしてもいいし、クラスの子どもたちが石を拾うのが好きやったら石で何かしたり、葉っぱを集めるのが好きやったら葉っぱを集めて何かできるといいね、みたいな話を9月末にしました。10月上旬はこんなことをして遊ぶ姿が見られるよ、という

話をするカリキュラム会議をしていたときに話をしていたので、それで自分で調べてきたんだと思います。意欲がありますね。偉い……

少しずつ、進歩を見せる秋

藤原：学年でやっている「きらきら広場」（P18参照）でも、2学期から前に立ってやってもらっていたのかな。クラスでの保育には慣れてきたから、次は学年全体の前に立つ経験を、みたいな感じで。
　で、クラス懇談会は、クラス全員の保護者が来るんですけれど、すごい上手にともみ先生はやっていて。一応台本みたいなのはあるんですが。

平林：そのときははるこ先生と半々ではなくて、ともみ先生がメインでされたんですか？

藤原：進行は私がやってたんですけれど、5分くらいでクラスの様子を話すところは、台本もあったのでともみ先生に任せました。見ながらでもいいよって。それがすごく上手にできて、私も声をかけましたし、クラス懇談会に一緒に入ってくださった園長先生とかえで先生も「すごい上手やったね～」と言ってくださって、自信になったと思います。

つぶやき
保護者との関係ができてきていたので、話しやすかったです。園長先生とかえで先生はいつでも何でもほめてくださるので、うれしいです。

慣れてきても、「初めて」はまだ難しい11月

藤原：『臨機応変が難しい』『とっさの判断ができず、動けないで固まってしまう』とか、11月はレベルがだいぶ高くなってますね。（笑）『初めてのことには声が出ないので、フォローする』。
　そういうときは、ああ動けないんやな～、と。難しいのはあたりまえですけど。いつもと同じような流れの保育のときはだいぶ慣れていても、園外に出たり、いつもと少し違うことをするときは本人も緊張していて、「一（いち）から」っていう感じですね。

平林：そうか。園外保育って、親子同伴（5月）の次は11月までないんですね。

藤原：散歩で月に1回くらいは園の外に出ているんですけど。

平林：散歩と園外保育とでは、やっぱり少し違う？

藤原：違うみたいですね。下見をして、ここでこうするって打ち合わせをしていても、声が出なかったり。どうしたらいいか、わからなくなっちゃうみたいです。それはそうですよね。

平林：年度が進むにつれて、補助の度合いが徐々に小さくなっていくように想像していたのですが、11月ころでも、新任にとってはまだ1年目の途中なんですね。

平林：少し話が外れるかもしれないのですが、「新任だから意識してフォローしなきゃ」と思うところから、「一人前の仲間」やな、と思うようになる境目って、なにかしら感覚としてありますか？　人によりそうですが。

藤原：「この先生はこういうことは得意、こういうことはできる」というのと、「これはきっと難しいんやろうな」というのが掴めてくると、任せられるところと自分がサポートするところを判断しやすくなって、だいぶやりやすくはなっているような気がします。

子どもがなついてくれた実感を持つ12月

藤原：12月は、個人懇談がもう1回あります。「3回目は、がんばりや」ってめっちゃ言ってた気がします。（笑）「今回はがんばります！」とか言って。「一言でもいいから、エピソードを話してみよう」と言っていたくらいなんで、まぁそれくらいの気持ちでやっていました。

平林：1、2回目のことを思い返すと、すごい進歩ですね。

藤原：ともみ先生が、4月とはまた違う、子どもとのルールのある遊びの中で子どもと思いっきり楽しんでいたりしていて。「今日は、子どもとバナナ鬼ごっこをして楽しかった！」と振り返りノートの記述に出てきて。子どもが自分になついている、というのがともみ先生に実感できたのかなと思って。2学期は、そう思ってくれていたらうれしいな、と思っていました。そんなふうに思ってくれていたら、もう充分やん、って。

でも、『できていると思っていたことが、できていなかったり、抜けていたりする』こともあって。（笑）「いいやん」と思う反面、「大丈夫か？」と思うこともあります。

> **つぶやき**
> ふとしたときに子どもが「だいすき～！」って言ってくれたり、ペタッとくっついてきたりして、うれしかった。それが、自信につながったのかな……。

ひとりでがんばる練習をする1月

藤原：3学期は、次年度のことも視野に入れて、ちょっと自分でがんばっ

てもらいたいなというのがあります。4月からは担任になったり、もしかして学年が変わったら1人担任になるかもしれないから、「私が引くところは引くね」と伝えて。自分のクラスと思って26人をまとめられたらいいね、という感じで。ちょっと自分に気合いを入れてもらうというか、意識してもらえたらいいかなと思って話していました。ともみ先生も「来年、こんなんで大丈夫ですかね？」とか言っていて。(笑)そうやって意識することで、4月に備えていました。3月に突然、「これからはひとりでがんばってね！」と言われたら、たぶん焦ると思うので。

平林：はるこ先生がいるうちに、ひとり立ちの準備をしておこうと。

藤原：時間配分も意識して。それまでは私が「そろそろ片付ける？」と促していたけれど、自分でやっていかなアカンよ、とか。クラス運営については声をかけていました。自信をつけて3月を迎えて欲しいなと。

平林：はるこ先生が引いても、自分でできたという自信をつけてほしいということですね。

藤原：それで、
「今日は子どもたち、めっちゃ話を聞いてくれとったね」
「後ろから見てて、こうやったよ」
「声がすごい通るようになっていた。後ろまで声が聞こえていたよ」
と、ちょっとのことでも伝えていって。すごい謙虚な先生やったんで、「いけるわぁ、すごいなぁ」と力づける感じで。

他のクラスや保育を見て学ぶ

藤原：降園のときに、私が部屋を出て要配慮児に関わる時間を持って、ともみ先生にクラスを任せたり。逆に、ともみ先生に「他のクラスをちょっと見ておいで。私がお帰りの用意をするわ」と言うときもありました。忙しくて、他のクラスを見に行く余裕がなかったので。たぶん3学期ころかな。「同期のクラスを覗いておいで」とか言って。他のクラスにも少し目を向けられたらいいかなと。

平林：それは、自分のクラスを相対化して見られるように、比較する対象をつくってほしいという意図ですか？ それとも、自分のクラスだけを見ていてはいけないよ、ということを伝えたくて？

藤原：その時点では、ともみ先生は私の保育しか見ていなくて。他のクラ

つぶやき
プレッシャーを感じました。

つぶやき
はるこ先生は、良かったことはその場で言ってくれるし、ダメなところもすぐ教えてくれるので、すごくわかりやすくてありがたかったです。

> **つぶやき**
> 同期のコのクラスを見ると「あ、いっしょやな」と、ちょっと安心できたし、(笑)先輩のクラスを見たら、「こうやったら、子どもにわかりやすいんやな」と、すぐ真似できそうなことを学べることができました。

スのことを見られていないし、雰囲気も掴めていない。1つ上の先輩が同じ年少や他学年にいて、その人たちの保育を見るのはすごく勉強になると思うので。見ても気づけないことがたぶんいっぱいあるけど、取り入れやすいものだけでもいろいろと取り入れてもらって、来年に活かしてもらえればと思って。1、2学期にはそういう時間をとってあげれなかったけれど、今ならと思って、3学期の時間があるときには「見ておいで〜」と送り出していました。同期や1つ上の先輩がしていることって、真似をしやすいかなと思って。

藤原：『苦手なことは、頼ってうまく甘えている』とか。(笑)
平林：子どもではなく、新任が、ですよね？
藤原：うまいこと周りが見えているんですね、きっと。

「できた！」自信がついてくる2月

藤原：2月の個人懇談では少しは話せて、「ともみ先生、よかったです」「子どもをよく見てくれた」って保護者から声をかけられて、懇談中に泣いて喜んでいたんです。そこで、私も保護者と一緒に「そうなんですよ〜」とか言って、ともみ先生をほめて。(笑)保護者にそういう声をかけてもらうことは、新任にとってはとてもうれしいことなんだと思います。

> **つぶやき**
> 3学期になると、ときどき保護者の方がほめてくれるようになって、それはほんとに、うれしかったです！

2月には発表会があるので、クラスに合った題材を自分で考えておいで、と言いました。その考えてきたことをやらせてあげたいと思って。ともみ先生は『三びきのやぎのがらがらどん』を持って来てくれました。絵のタッチが年少の子にはこわいのかな〜と私は思ったんですけど、ともみ先生が「このクラスにすごい合っていると思ったから、やりたい」と言ってきたので、そう思っているならやらせてあげたいなと思って。

台本の作成についても、「先輩がこれまでにつくった台本を見て、参考にしたらいいよ」とは言いましたが、多分やり方がわからないだろうから、組み立て方や台詞の言い回しのポイントを何個か伝えました。「トントントン、と言ったら子どもは言いやすいよ」とか。私が考えた台本をやらされていると感じてほしくはないので。それで、ともみ先生が上手に台本を考えてきたので、そこから少しずつ変化させていきまし

た。ガラッと変えたら自信をなくすだろうし、せっかくともみ先生が考えてきたものを活かしたかったので。

平林：それは、実際にやりながら？

藤原：やりながら、ですね。子どもとやりながら「こっちのほうがやりやすそうやね」と納得してもらいながら手を加えていきました。発表会に関しては、全クラスで組んでいる先生のほうがリードしていて、「来年、自分でやってくれたらいいわ」くらいの気持ちで進めていました。新任のみんなには、あんまり大変、大変って思って欲しくなくて。

平林：先輩がリードはしているけれども、新任が最初に持ってきた台本は尊重されていて。

藤原：で、なんか自分がやっているような。ピアノを弾いて、ナレーターを任されて。私は子どもとすべての役をやるんですが。ともみ先生は、

平林：「けっこうやれた」

藤原：と思ってくれたらいいなと思って進めていたと思います。「苦手やわ」「大変やった」で終わったら、来年しんどいやろうなと思って。

平林：次の年も見越して、イヤな思いが残らないように、やってよかったと思えて次も前向きに取り組めるように、配慮されているんですね。

藤原：口でそう言っているだけで、私が実際にそうできているかどうかはわからないんですけど。いろんなタイプの先生がいるので、組んでいる先生に合わせて厳しくパーンと言う方もいて、それで「何を！」と発奮してがんばれる先生はいいし。

平林：しゅん、ってなる先生には言えないけれど。一人ひとりに合わせて対応されているんですね。

そして、2年目を迎える

藤原：3学期は……「さみしい、さみしい」と言ってました。子どもと離れるのが。

『子どもの成長を喜ぶとともに、自信を持つ』って本当にそのとおりだと。（笑）本人が自信を持って。

『先輩よりちょっと前に出てやってみる!!』

『積極的に前に出てチャレンジ！』

1年間の流れが、「ついていく」から「一緒に」、そして「ちょっと前

> つぶやき
> 劇の取り組みは、子どもたちもみんな気分がのっていて、私もすっごく楽しかった、ヤッターって感じで。保護者から「4月は声を出すので精一杯だったのが、しっかりクラスひっぱっていて、すごい成長を感じました」とほめてもらいました。（笑）

> つぶやき
> 子どもと離れるのもそうですが、はるこ先生がいなくなるのが、とてもさみしかったです。本当に心強かったし、いなくなってやっていけるか不安だったし……。

に」という感じだったと思います。タイプにもよりますかね。ともみ先生はすごくいい人やったから、一緒に組んでいてやりやすくて。

平林：2年目になるときは、いきなり自立するのではなくて、何かしらサポートしてもらうのですか？　組んでいるパートの先生なり、先輩なり。年中や年長にいくと一人担任で、学年や全体のフリーの先生がサポートはして。

藤原：2年目に主となるのは、本人ですね。1年目は主担やけれども、頼れる人がいて、何かあったら逃げ場はある。2年目からは、最後は自分でなんとかしていく。でも、みんな上手にやっていますね。同じクラスのパートの先生が支えてくれたり、フリーの先生が大変なクラスにはパッと入ってくれたりしているんで。同じ学年の中で相談できる環境はあるし。

　それと、後輩が入ってくると、「ちょっと教えてあげないと」って、しっかりする気がします。1年目を見て比較すると、「ともみ先生は2年目でもすごいしっかりしてるわ！」って思います。それを本人に伝えたら、「えー、あんなん。私ぜんぜんですぅ」って言うけれど。やっぱり1年の経験をしていると違うな、とすごく感じて、そういうことは伝えるようにしていました。「教えてあげて〜」って言ったら、「私もそうやったよ〜」って言ってあげることで1年目も救われるし。同じ年少にそうやって刺激になる後輩の存在があると、また育つなと思って。

平林：2、3年目とか続いていくんですか、教育課程は？

藤原：3年目は、ゆり先生がつくったのがありましたね。2年目はつくってないかな。

平林：ああ、ここで二人担任から一人担任になって、自立していく先生の教育課程なんですね。人によっては、2年目でこの経験をするわけですね。そして、学んで欲しいサイクルは一緒ですね。ずっと同じことを繰り返すということですね。新任でも、3年目でも。

藤原：そうですね。

番外編：岡健先生の園内研修での学び

藤原：岡先生の園内研修のときに、「うちのクラスの事例を出してもいい？」って、ともみ先生に尋ねたら、「イヤです！」と言われて。

> **つぶやき**
> 2年目はやはり年少組を非常勤の人と組んで持つのですが、「しっかりしないと」と、自分を奮い立たせて気合いを入れていました。保護者対応とかいろいろ自分でやってみて、どんなにはるこ先生に助けてもらっていたかがよくわかりました。

> **つぶやき**
> 1年間、はるこ先生がこんなに考えて一緒に組んでくださっていたのが分かって、すごく感動して、感謝しかありません。

平林：へぇそうなんですか。「ラッキー」という気持ちじゃないんですね。

藤原：絶対ためになると私は思ったのですが、ともみ先生には自信がなかったみたいで。

かえで：そういう気持ちになるのね。

藤原：「どうしてもしないとダメですか？」と聞かれて、「ゴメンな。でも私がしゃべるから。聞いて勉強になるから、やろ！」と言って。でも、みんなの前に出て、自分のクラスのことを話してと言われると、「自分がダメだから」って思うんだろうなと。「私もイヤやねん。イヤやねんけど、私もわからなくて、でも知りたいから聞きたいねん。いいやん、聞こ聞こ」とか言って。

　でも、1年が終わったときはともみ先生も、「ああして、みんなの前に出てもらって事例検討できたことで、すごく勉強になりました」と言ってました。「あのとき、すごいイヤやったもんな」と言ったら、「ほんっとうにイヤでした！」ってめっちゃ言われて。（笑）「もう1回やろう」って言ったら、「えぇ、またですかー！　イヤだー！」って。（笑）でも、あれはすごい勉強になったと思います。

かえで：普通やったら「勉強になるから、うちいくよ」ってなるのに、「イヤなんやろうな」と気兼ねしながら話してくれる先輩がいることが、大事なんだろうなって思います。

平林：わかってくれてはいる、と。

かえで：「勉強のためだから、後輩の気持ちは無視！」「あとで大事な経験やったとわかったらいいから」って考える園もあると思うけれど、そこで丁寧に寄り添ってくれるからこそ、新任も育っていくと思うんです。

　子どもに向けるまなざしと、新人の先生に向けるまなざしというのが、ちょっと似たところがあるのよね。その先生の思いを大事にしながら、育つのをゆっくり待つというところが、保育とすごく似ている。

平林：やっぱり、そういうふうに先輩にしてもらったから、保育者として子どもたちにそういうふうに接することができるし、自分が先輩になったときに後輩にもそう関わることができる。りほ先生にお話を聞いたときに、「自分が1年目のときにはるこ先生がこうしてはったな、さとこ先生がこうしてたわ、っていうのを思い出していたんですよ」という話があって。だからやっぱり、そういうふうに大事に育ててもらった人た

ちは、次の人たちを大事にできる。そういう風土がある。新任の教育課程とか指導技術があったとしても、根っこには同僚性や、それ以前に家族のような関係性があることが大事やな、と感じました。

藤原：園長先生とかえで先生が、声をかけてくださるから。そうやって大事にしてもらっているから、絶対大事にしようと思える。もし私たちがずっと怒られていたら、絶対きついと思う。（笑）だからみんながんばり続けられるんです。

3年目を迎えたともみ先生

4 人を育てるということ

せんりひじり幼稚園での新任育成の一端を、インタビューを通して紹介してきました。外部者として7年の間、せんりひじりの先生方が育っていく様子を傍から見続けた立場から、少しだけ補足をさせてもらいます。

専門家としての保育者

一つは、保育者は専門家である、という認識についてです。岡先生は、保育者の専門性を医療従事者の医師や看護師と比較してお話しくださることがあります。看護学校では、「人間性の前に、技術がくる」と徹底して教え込むようです。その意味は、いくら人間性が優れていようとも、バイ

タルサイン（体温・呼吸・脈拍・血圧などの生存兆候）を測定したり、適切な医療行為を実施する技術がなければ、専門家ではありえない、ということだそうです。保育者の文脈でいうと、たとえば子どもの睡眠／覚醒サイクルを把握する、食事についてはアレルギーの有無を把握し緊急時の対応を理解する、保育施設での事故や感染症の知識と対応策の習得、そういった養護的側面を踏まえての遊び環境の設定、子どもの発達の理解、などなどいろいろと「技術」的なものはありそうです。

　第2節のインタビューでは、新任が獲得して欲しい重要な専門性として「子どもを肯定的・多面的に見取ることを」と、「保育を考えて具体化し実践したあとに、必ず振り返り、次の保育につなげるサイクルをまわすこと」について言及されていましたが、全般に技術的な言及は少なく感じられたかもしれません。しかし、インタビューでは出てこないものの、技能として獲得可能で、練習すればその分だけ上手になる技術についてもきちんと学ぶ機会やモデルの提示などがある、ということは確認しておきたいと思います。

　ただ、せんりひじりにおける新任育成では、そういった技術的熟達が背景におかれ、省察的実践者としての保育者であることや、自ら愛され大事にされていると感じ、同僚や子どもを同じように愛し大事にする保育者であることを前景に置いているということです。

新任育成と保育は同じ

　もう一つは、新任の保育者を育てることは、子どもを育てる営みと非常に似ているということです。新任保育者の育ちの課題は、いつでもその新任保育者自身が自らの力で乗り越えていくしかありません。周りにいる先輩や同僚は、その人に寄り添い、その力を発揮できる状況をつくってあげることで、育っていくことを手伝うのです。適切に寄り添い、手伝うためには、その新任保育者にどういう力があり、どういう育ちをしているのかに目を向ける必要があります。逆に、新任保育者の姿を「できない」「マイナス」としか見られないときには、持っている力や育とうとしている部分に目が向いていないので、その新任保育者自身が課題を乗り越えることを手伝うことが非常に難しくなります。

　これは、2章で子どもの見取りについて書いているのとまったく同じ内

4章　家族のように大切にし合う「同僚性」

容です。インタビューでは、普段の会話とやりとり、振り返りノート、保育中や保護者の前での様子を観察することで、はるこ先生がともみ先生について、どのような力が育っているか、どうすればそれが発揮できるかを考えて支援する姿が鮮明に出ています。年少１クラスの子どもたちに同じことをするだけで大変なのに、新任のともみ先生にも同じように「保育」している姿は圧巻です。そして、はるこ先生の保育に応えるように、ともみ先生は１年間を通して大きな成長を見せています。

　また、はるこ先生は、インタビューの中で繰り返し「ひじりの若い先生たちは本当にすごい、偉い」と後輩たちへの敬意を見せていました。これは、上の立場からの評価ではなくて、対等な専門家である同僚への尊敬である、とお話しするなかで感じています。この点にも、子どもを一人の人間として敬意を持って接する保育と共通するものを感じます。

　さらに、はるこ先生はともみ先生を一人で育てようとはしていません。子どもたちや保護者、園長先生・副園長先生、２年目・同期の保育者、様々な人が二人の１年間の話の中に登場します。自分のクラスの子どもたちを、担任だけで占有するのではなく、子どもたちが過ごす場所にいる様々な人・モノ・事の中で保育をする姿は、とても似ています。

　こういった点で、新任保育者をどのように育てるのかと、園の子どもたちをどのように保育するのかは、きっととても強くつながっている、ということをインタビューとその整理を通してあらためて感じました。

はるこ先生（左）と新任なりたてのともみ先生

「人が育つこと」の傍らにいることの喜び

　保育は援助と呼ばれます。その営みは、小学校以降の教科指導に代表される「教えて学ぶ」といったいわゆる教授論の立場とは大きく異なるものです。私はそれをよく山登りにたとえます。

　図の左側（教授論）では、基本的に山は1つです。先生は山の上にいて、子どもに向かって「登っておいで！」「海が見えるよ、山が見えるよ、すごいよ！」と子どもを誘い、導く人です。実際それは、大事なことです。なぜならば、子どもはまだまだたくさん知らないことがありますし、そう

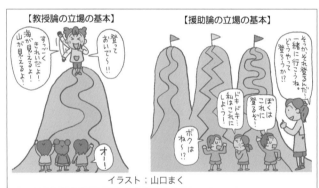

イラスト：山口まく

していざなってくれる人がいることで、日常生活では見ることのないたくさんの新しい知識や技能が学べるからです。

　それに対して図の右側（援助論）では、山は複数あり、子どもはその山の中から自由に選択することになります。たとえば、高尾山、筑波山、富士山というように。でも、エベレストはありません。なぜならば、そもそもこの山は保育者が子どもの育ちに合わせて選んだものだからです。ちなみにこの山を選び、準備する作業にあたるのが、保育では環境構成ということになります。

　しかも、実際に山を登る際には、たとえば、教授論の立場ではいかに頂上にたどり着かせるかが問題になるのに対し、保育では迷う子どもがいても、保育者は基本的には教えないで子どもたち自身に考えさせる（一緒に考える）ことになります。当然、迷うことも1度とはかぎりません。時には道がうまく見つけられず山登りを断念することさえあるかもしれません。また、そうした際には「残念だったね。今度登るためには、地図があるといいね」などとだけ言う場合も少なくないのです。なぜならば、そうした登れなくて悔しいと思う経験が、今度こそ登れるようにとたとえば地図を準備するといった経験のプロセスを保障する（＝学び）ことに他ならないからです。

　さて、こうした違いは当の子どもの反応としてどのような違いとして現れるでしょう。おそらく教授論の場合、先生にいざなわれて山に登り、初めて壮大な景色を目にした子どもは、先生に向かって「ありがとう」とお礼を言うでしょう。でも、たぶん保育では子どもが山を登った時に、先生にありがとうとは言わない可能性のほうが大

きいと思われます。むしろ、「このあいだあの山登ったろ。今日はこれ。今度はあれ登るから、その時また先生一緒に連れてってあげるからね」といった言い方をするのだと思います。そして、そうした際には保育者のほうがむしろ、子どもに「ありがとう」と言い、そう言っている自分に喜びを感じているのではないか、とも思っています。

1章で安達譲先生は、園内研修に取り組まれ、「子どもたちが十分に納得するまで遊びを展開していくことで、満足した表情を見せたり、夢中になっている姿を目の当たりにすると、私たちも本当にうれしくなってきました」と書かれています。

また既に3章のコメントでも触れましたが、安達かえで先生は、「保育者と保護者が語り合うことで、情報を共有するだけでなく共に子どもの幸せを願うパートナーとしての連帯感が生まれてきました」と書かれていました。

保育者に子どもの声が聞こえてくると、子どもは「育つ」という姿を保育者にたくましく示してくれます。その姿に喜びを感じ、勇気づけられ、先生方は保育にのぞんでいるのだと思っています。また、そうした姿を保護者に伝えることで、保護者自身も自らの喜びとして、気づいた子どもの声を保育者に、そして保護者同士で伝え合っています。そうした姿は、子どもの「育ち」を喜ぶ親としての「育ち」に他なりません。せんりひじり幼稚園の先生方は、そうした親御さんが、親として「育つ」姿にも喜びを見出し、その姿に勇気づけられ、さらに保育に向き合っていく原動力にしているのだと思っています。

本章でインタビューを整理された平林先生は、「新任の先生を育てるということは、子どもを育てるという営みと非常に似ている」と書かれていました。そして、「はるこ先生は、インタビューの中で繰り返し『ひじりの若い先生たちは本当にすごい、偉い』と後輩たちへの敬意を見せていた」とも記していました。

実はこの「敬意」とは、子どもの声を聞きたいと心から願い、真摯に向き合い、そして子どもの声が聞こえてくるにしたがって変容していく新任の先生方の保育者としての「育ち」を喜びとする、同僚の先生方の姿に他ならないのだと私には思われてなりません。

そう考えると、そのような意味からも新任の先生が「育つ（育てる）」ことと、子どもが「育つ（育てる）」ことは、平林先生が指摘した通り「非常に似ている」のだと捉えられるでしょう。

「人が育つこと」の傍らにいることの喜び。実はそれは、先代から続くせんりひじり幼稚園で深く育まれてきた、園としての伝統（組織風土）なのだと思います。

園内研修を通して人が育ち、園が育つ。その営みの傍らに研究者として共にいること。その喜びを私も心から感じています。

おわりに　仲間たちと拓く保育新時代

1）量から質へ　公教育としての幼児教育

　1923（大正12）年に祖父安達晋は大阪市内に「ひじり幼稚園」を創設しました。その当時はまだ幼稚園というものが地域にはなかった時代でしたので、本当に苦労の連続であったと聞いております。祖父は進取の気風を持った人でした。自分が実家の浄土真宗のお寺の住職を継ぐことはわかっていたのですが、仏教だけを勉強するのではなく、キリスト教も勉強することで客観的に仏教をみることができるはずであると考えて、大学は関西学院というキリスト教の大学のしかも神学部に入学しました。晩年、「キリストさんもいいことを言ってはる。根本の部分では同じである」と言っていたようです。

　そして、在学中に祖父の友人がヨーロッパに留学しました。その方が、帰国したときにフレーベル博士のキンダーガルテンの話を聞き、祖父の中では閃くものがあり、お寺の中に幼稚園をつくりました。子どもと過ごす日々は祖父にとって本当に新鮮な驚きの毎日であったようですが、大阪の空襲で当時の貴重な資料の多くは焼けてしまって残っていません。父や叔母から伝え聞いている祖父の言葉は、

「子どもには仏性が宿っている。子どもの素直な心から学ぶことが悟り
　への道」
「『青色青光　黄色黄光　赤色赤光　白色白光』阿弥陀経の中のこの言葉
　は幼児教育の心そのもの。その子の色を大切にすることを忘れてはな
　りません」

というようなもので、「子どもから学ぶこと」「その子の色を大切にすること」などは、ひじり幼稚園開設以来ずっと大切にしてきたことで、園の文

おわりに　仲間たちと拓く保育新時代

設立当時のひじり幼稚園

化の中にずっと残っていると感じます。

　しかし、一方では当時の写真を見ていただくとおわかりのように、その当時としては洒落た洋風の服を着た子どもたちが並んでいます。当時、祖父は多くの人から「お金持ちの子どもばかり集めて！」と非難されたようです。戦争が終わり、1953（昭和28）年に祖父は若くして亡くなるのですが（享年56歳）、そのころの祖父の願いは「だれもが幼稚園に通うことができる社会になったらいいのになあ」という「幼稚園の一般化」ということでした。

　大変悔しい思いをして亡くなった祖父の後を継いで園長になった父（安達研）は祖父の思いを継いで、自園のことだけではなく、幼稚園という存在が社会的に認知されることに力を注ぎました。振興活動に力を入れ、幼稚園の運営面の安定化による量の拡充を目指していました。

　幼稚園団体の代表として、国会議員の方や大阪府知事、府会議員の方々に強く働きかけてきており、1975（昭和50）年に私立学校振興助成法（私学助成法）が公布され、文部省（当時）予算だけではなく自治省（当時）を通じて地方交付税を財源とする私立幼稚園への補助金が出されるようになりました。また、いわゆる「ヨンロク答申」と呼ばれる1971（昭和46）年の中教審答申で、小学校入学を5歳児に引き下げることの検討が出た際には、様々な研究者の方を集めて大阪府私立幼稚園連盟から『幼児教育の現代化』[1]の発刊を通して反対運動を行うなど、様々な場面で幼稚園教育の振興に尽力をしてきました。

　そんな父が21世紀を目前にした晩年に、研究者の方々と共に『量から質

1）
森昭、川口勇、鈴木祥蔵他　明治図書、1971年

へ』[2]という本を大阪市幼児教育振興協会から刊行します。今、読み返しても幼児教育への熱い思いを感じるとともに、少子化の時代に家庭が選択権を持つと幼稚園側が「客寄せ」のようなことをして幼児教育の本来のあり方がゆがめられてしまうという、まさに現在起こっていることを予見し、危惧していました。

　2015（平成27）年度から子ども・子育て支援新制度がスタートしました。「幼児教育・保育や地域の子育て支援の量の拡充と質の向上を進める」とされていますが、実際には待機児童対策等の量の拡大施策が中心で、子どもの育ちや教育・保育の質についての議論は充分とは言えません。
　また、消費税も含めた公金が乳幼児教育に投入されることは、私立の学校法人であっても公的な教育機関であることが求められるということですが、現在、保育所、幼稚園の現場で実践されている保育は、よくも悪くも非常に幅が広いのが実態です。子どもを主体とした素晴らしい実践もあれば、伝統という名の下に保育者主導で何年も同じことをただ繰り返しているところ、園児獲得のために○○式と呼ばれるような方式を取り入れた実践まで様々な保育が見られます。「独自」の教育と称する「独善」の教育はとうてい許されるべきではないと感じますが、そのような保育を支持する保護者がいることも残念ながら事実としてあります。
　このように、幼稚園の黎明期に関わった祖父の願いであった幼稚園教育の一般化（量の拡充）は父たちの年代の方々の尽力によって一定達成したようには思いますが、父の晩年の願いである「幼児教育の質の向上」はスタートしたばかりで、私たちの年代以降に課せられた使命であるように感じます。

2）質の向上を目指して　幼稚園教育要領・保育指針等の改訂を控えて

　現在、OECD加盟の先進諸国では、子どもたちが環境と遊びを通して主体的な学びを深めることが問題解決型学力の育ちの根幹に関わっていることが各種の調査や研究によって明らかになり、乳幼児期からの遊びを中心とした教育が重要視されています。内容を正確に理解し、早く処理する仕事は今後ますます機械やロボットに置き換わり、今は存在しない職業に多

[2]
鈴木祥蔵、田中敏隆他
（財）大阪市幼児教育
振興協会編、1994年

くの子どもたちが就くことが確実視されています。

　日本においても、乳幼児教育の特質である環境と遊びを通した主体的な学びが「アクティブラーニング」[3]として、汎用的学力や自分の意思と相手の意見を調整するなど、非認知能力の根幹を形成するものとして、その重要性が認識されつつあります。今回の幼稚園教育要領や保育所保育指針等の改訂も、これまでどおり（それ以上に）遊びや生活を通して、子どもの主体性の育ちを大切にしていく方向性になることは確実であり、そのことをふまえた質の向上がますます重要になってきています。

　保育の質をどのように定義するかについて様々な考え方がありますが、秋田喜代美先生（東京大学教授）が以前に「構造の質、プロセスの質、成果の質」の3つの側面で整理されていました。[4]今回の新制度の中で言われている質は、主に「構造の質」（3歳児の保育者と子どもの人数比1対15等）であり、幼稚園教育要領の改訂では「成果の質」として幼児期の終わりまでに育ってほしい姿を具体的に提示しようとしています。

　しかし、様々な研究の結果からも、また、私たち保育現場の経験則から言っても、子どもの育ちに最も影響を与えるのは、子ども理解や保育者の関わり等を中心とした「保育のプロセスの質」であることは間違いなく、今回の要領・指針の改訂で推奨されることになるであろう「アクティブラーニング」や「非認知能力の育ち」とは、プロセスの質の向上を図ることに他なりません。

　しかし、残念なことに少なからぬ園で、保育者の一斉保育における指導技術にのみに保育や研修の力点が置かれていたり、〇〇できるという目標を達成することで保育を評価していたり、子どもの発達理解が不十分な故に、たとえば、5歳児の卒園前の姿（自分のやりたい気持ちを抑えてすぐに行動を切り替える等）を3歳児に要求していたり等の保育が見られます。そのような園の特徴としては、外部との交流がなく園として孤立していたり、非常に偏った特定のスタイルの園同士が集まっていたり、現在の保育のスタイルに疑問を持っていなかったりする傾向があります。あるいは、疑問に思う部分はあるものの、そのようなスタイルの保育を支持する保護者が存在するために、経営のことを考えると現状を変えられない園もあります。そのような園にとっては本来の子どもを中心に置いたカンファ

[3] 2012（平成24）年8月中央教育審議会答申「新たな未来を築くための大学教育の質的転換に向けて〜生涯学び続け、主体的に考える力を育成する大学へ〜」の中で登場した概念で、「課題の発見と解決に向けて主体的・協働的に学ぶ学習」とされている。

[4] 「保育の質に関する縦断研究の展望」、成長科学協会講演「保育の質と子どもの発達」抄録。

レンスを行うことは非常に難しいものです。

3）プロセスの質の向上を支える4つの要素

　私たちのせんりひじり幼稚園も、1章にありますように20年近く前までは保育者の関わりに力点が置かれ、子どもを主体とした、環境を通した保育と呼べるものではありませんでした。しかし、本当に幸運なことに「保育と仲間づくり研究会」に参加することにより、子どもの幸せのために保育をよくしようと心から願われている先生方との出会いがあり、公開保育を実施することにより、鏡に写った自らの姿を初めて見たような大きな衝撃を受けたものの、自園の課題を園のスタッフ全員で共有し、自園の保育のあり方を根本から見直すきっかけとなりました。マラソンランナーが自らを鍛えるのは自らが走ること以外に術はありませんが、会のスーパーバイザーの小田豊先生、菅野信夫先生からのアドバイスをいただけたこと、一緒に走っている仲間がいることを本当に心強く思っています。また、(公財)全日私立幼稚園教育研究機構（田中雅道理事長）の研究研修委員として研修俯瞰図の作成に携わっていたときに岡健先生との出会いがあり、それをご縁に園内研修に来ていただくことになり、それ以来一緒に走って導いてくださったことに、心から感謝をしています。

　このような幸運が重なって、まだまだ未熟ではあるものの少しずつ保育を変えることができてきたこれまでを振り返ると、保育の質の向上（変化）を果たすためにはいくつかの要素が必要であると思います。

①同僚性

　1つめは何をおいても保育者間のよい関係性（同僚性）が園の風土としてあることです。子どもの姿から話し合う時に、一人ひとりの保育者が安心して自分の思いを語れることが必要で、同僚同士が違う意見を言い合え、「あ、そういう見方もあるんだ。いいね！」と認め合えること、何より自分が受入れられていて自分らしく居られることが大切なように思います。

> わたしたちが毛糸でできた大きな編み物で、子どもたちや家庭を温かく受けとめ支えているとしたら、私たち一人ひとりは大切なひとつの網目です。自分自身が小さく思えても大切な一人で、みんなに支えてもらいながら支えています。小さくてもかけがえのない一人です。
>
> 　　　　　　　　　　　　　　　（ひじり学園フィロソフィーブックより）

②リーダーシップ

　2つめは、リーダーシップです。それは、厳しい縦の関係でリーダーの意図どおりに引っ張っていくようなものではなく、保育に携わる者としてお互いが横並びの関係で、子どものことを語る時には、それぞれの発言や意見が尊重されるような関係をつくるリーダーシップです。

　また、リーダーシップは園長や副園長、主任だけが発揮するものでもなく、経験年数にかかわらず、その場にいるすべての保育者が発揮するものだと思います。そういう意味ではリーダーシップの中にはファシリテーティブな振る舞いがとても重要で、その場の話し合いがスムーズに進み、個々の保育者も組織としても主体的に話し合い、合意を形成して、課題を解決できるようになっていくのが理想であると思います。

　そして、重要なことは試行錯誤やチャレンジを楽しめる職場であることだと思います。保育の質の高さには多様性も含まれています。様々な見方や方法があるけれど、答えは偉い先生の書いた本の中にあるのではなく、先輩が知っているのでもありません。答えは明日の保育の中で子どもとの関係の中で見つけていくものです。100人の子どもに100通りの個性、100通りの関わり方があり、答えはひとつではありません。保育のプロセスが大切といいながら、保育者集団が結果を恐れてチャレンジしないことは避けなくてなりません。

③第三者の協力

　3つ目は共に歩いて下さる研究者の方、あるいは外部の園の先生方の存在です。（公財）全日本私立幼稚園幼児教育研究機構では第三者評価の一手法として「公開保育」を位置づけるべく研究を重ねています。日常の保育を公開し、その日の保育後に保育場面をもとにした、保育を公開した側と参加者とが話し合う（カンファレンス）なかから、今まで疑問にも思わ

なかった自園の課題や、逆に普段意識していなかった自園のよさが他者の目によって明らかになることがわかってきています。

ただし、保育後のカンファレンスを公開園、参加者双方にとって有意義なものとするには、話し合いをコーディネートする人（ファシリテーター）の役割が重要です。自園のよさはその園の保育者自身がわかっているように見えて、中にいるが故に案外自分たちのよさが見えていないこともあります。ですから、外部の立場から共に保育を考えてもらえる方が居ることが必要です。その際、どんな方になっていただくかはとても重要で、園の方針をご理解いただいているか、また、その方自身の考えておられることが園の方向と一致しているかどうかを確認する必要があります。そして何よりもその方からたくさん話を聞きたい、たくさん聞いてほしい、次に園に来ていただくのが待ち遠しいと思えるような方がベストだと思います。

④保護者・地域との価値の共有

4つ目は保護者や地域との連携、理念や価値の共有です。

私立幼稚園の中には、「保護者に選ばれる以上の評価はない」という考え方をされる園もありますが、保護者の評価が保育の質の評価とイコールではないことは自明のことです。うわべの成長やかしこさ、小学校教育の先取りではなく、この時期の子どもたちにとって何が大切なのか、保護者、地域、社会の方々に保育の価値について理解を図る必要があります。保育の質を小学校以降の学校教育の評価のように「○○できる」というものさしで図るのではなく、子どもが遊びや生活を通して主体的に人やモノ、事に関わる中で経験していくことが重要であるということや、「無知な子どもに大人が正解を注入する」のではなく、自ら学ぶ能力を備えている子どもが自分で答えを見つけていく営みに寄り添うことが重要である等のことを理解してもらう必要があります。

「子どもをまんなかに」おいて、子どもに関わる保育者、その保育者を支える保護者や地域というように、子どもを中心とした同心円が広がってゆくことが理想です。多くの園で、「保育を変えたいが保護者からの評価や要望があるのでなかなか変えられない」という話を聞くことがありますが、保育の理念や園の方針は自分たちだけが知っていたらいいのではなく、保護者・地域と共有しないと保育を変えていけません。

おわりに　仲間たちと拓く保育新時代

　共有のための具体的な手法としては、実際に園内のカンファレンスで行われている手法を活用することが有効なときもあります。

　つまり、写真・動画・エピソード等を用いて子どもの姿を見える形で共有し、それを元に語り合うことを重ねることで、子どもを理解することです。この数年、せんりひじりでもクラス懇談で担任が子どもの育ちを伝える際に、写真とエピソードを用いて、育ったと感じる場面や今まさに育とうとしている姿を伝えるようにしたところ、保護者からは非常によく理解できたという感想を得ています。また、否定的に見ていた様々なトラブルも我が子が成長する過程における必要な経験として見てもらえるようになっている場合もあります。

　これから、幼児教育に投じられる公費の割合が高まり、公教育としての役割が高まるにつれ、保育も"評価"される時代を迎えることが予想されます。英米型のような利用者の選択のための評価ではなく、園と保護者がお互いに理解し合う評価、保護者や地域社会と価値を共有するための評価が重要であると思います。

　最後になりますが、子どもが育ち合う仲間なしに一人では育つことが難しいように、保育者も一人では育ちません。そして、それは保護者も、園長、主任も同様であり、そして園そのものが孤立していては育たないのだと思います。人間は人と人との間でこそ育つ社会的動物です。自分のよさやらしさを発揮しながら、語り合いつながることで意欲的に頑張れるのだと思います。

　私たちはこれからも、日々の保育で、今、この子にどのように関わっていけばよいのか、どのような環境を用意すればいいのか、迷ったり、悩んだりすることも当然あると思いますし、なくならないと思います。しかし、そのようにその子の心持ちを理解しようと迷い、悩むことそのものが、子どもにとってはとてもうれしいことで、子どもが愛されていると実感できる大変重要なことでもあると思います。

　人生の始まりである乳幼児期にすべての子どもが愛されて育ち、自分が自分であっていいという感覚と、人は信頼するに値する存在であり、他者と共に居ることが心地よいという感覚が育つように、これからも子どもの思いに寄り添い、子ども一人ひとりのよさが伸びるように、みんなで悩み、みんなで学び、それらすべてをみんなで楽しんでいけたらと思います。

発刊に寄せて　　温かくかつ厳しい「同僚性」

聖徳大学児童学科教授　関西国際大学客員教授　小田　豊

　せんりひじり幼稚園が創立50周年を迎えるにあたり、これまで積み上げてきた保育の見直しとそれを支えた園内研修の実践を振り返りながら、園が目指してきたものは何かを探り、今後の園づくりと実践のあり方を考える契機となる本をまとめたいと聞き、「ぜひ読ませてください！」と頼んだら、逆に「ひとこと」書くようにと依頼されてしまいました。
　強く読ませて欲しいと希望したわけは、現在の園長である安達譲先生が20数年前に御父上から園運営を引き継ぐために小学校教師から転身されて以来のお付き合いと、着任当初から取り組まれている園づくりがユニークであるだけでなく、幼児教育の新たな道を拓き、学ぶことの多い実践を目指しておられるからです。

　その最大の特徴は、園の保育実践を子ども主体の保育に変革させ、園長はじめとしてすべての保育者が「教える保育者から学びの保育者へ」と変容することを目指した園内研修会が実践されていることです。さらに、その園内研修の成立には園の醸し出す風土が大切ということで、園全体だけでなく、個々の保育者も含めた保育者集団の雰囲気をとくに大切にされていることです。その集団の雰囲気というか風土を「同僚性」という言葉で包含されていることも大きな特色だと言えます。
　ここでの同僚性とは「職員や保護者を家族のように大切にする」と説明されています。この言葉通りならば、たんなる仲よし集団を目指している、と考えたくなりますが、その意図はまったく違っているのです。たしかに、みんなが仲よく、お互いを活かす集団づくりを目指すのですが、甘えの集団ではなく、お互いが保育者としての学びのライバル関係として存在し合うことを目指しているのです。
　子どもたちの一人ひとりの主体性を活かすということに対して、保護者

との関係性はもちろん、保育環境への準備や一人ひとりの子どもたちの遊び内容に関わっての基本的な学びを、保育者同士がよきライバルとして意見交換ができているか否かが真の同僚性の構築であると意味づけられているのです。

　この一見単純な仲よし集団に見える、せんりひじり幼稚園の園内研修の実践の奥に潜む保育者同士の気づき合いや学び合いの真剣な姿は、単純なチームワークを超えた温かくて厳しいチームワークづくりとして、私たちに新たな園内研修のあり方を学び・考えさせるものがあります。

　その姿を最も具現化しているのが、安達ご夫妻の姿です。日頃の生活では（大学時代からのお付き合いだと聞いていますが）、とても羨ましい仲よしのご夫婦です。ところが、保育に関わっての子どもの見方や保育者一人ひとりの見方やあり方ついては、まったく私情が入る余地もなく、常に子どもの側に立った見方ができているか否かが評価の中心で、本当によきライバルとして意見交換をなされている姿を見て、せんりひじり幼稚園が目指されている同僚性の厳しさと優しさを学ばせていただいています。お二人ともに決定的な受容と決定的な切断の対象として、お互いを認め合っている姿に感動するのは私だけではないと思います。保育者一人ひとりが同僚性という文字の中で切磋琢磨しているよきモデルが目の前にあることで、せんりひじり幼稚園の保育が生まれているのだと感じます。

　この事実が、せんりひじり幼稚園の歴史を育み、そして、時代が求める明日の保育を拓いていくことになるのだと思います。

安達　譲（あだち　ゆずる）
　1961年大阪府生まれ。1997年教員として13年間勤めた追手門学院小学校を退職し、せんりひじり幼稚園勤務。2000年園長となる。現在、認定こども園せんりひじり幼稚園・ひじりにじいろ保育園園長、大阪教育大学非常勤講師。
　2012年～2016年（公財）全日本私立幼稚園幼児教育研究機構研究研修委員長。現在は同機構の専門委員として全国の私立幼稚園を中心に公開保育を活用した評価の普及、評価者の養成に当たっている。（1章、4章の1、おわりにの執筆を担当）

安達　かえで（あだち　かえで）
　1961年大阪府生まれ。1984年大阪教育大学卒業後、神戸市立花山小学校教諭。1986年結婚と同時にせんりひじり幼稚園勤務。2005年せんりひじり幼稚園副園長となる。現在、認定こども園せんりひじり幼稚園・ひじりにじいろ保育園副園長（3章の執筆を担当）

岡　健（おか　けん）
　1962年東京都生まれ。大妻女子大学家政学部児童学科教授。せんりひじり幼稚園には2008年以来、共同研究者の立場で年4、5回園内研修に参加してる。（各章末のコメントを担当）

平林　祥（ひらばやし　しょう）
　1983年大阪府生まれ。学校法人見真学園ひかり幼稚園主事。2009年以来、せんりひじり幼稚園の園内研修にオブザーバーとして参加している。（2章、4章の2．3．4の執筆を担当）

学校法人ひじり学園　せんりひじり幼稚園
　1923（大正12）年本園となるひじり幼稚園創立。
　1966年せんりひじり幼稚園創立。（創立時の名称は新千里幼稚園、2006年に現名称）
　2015年に認定こども園せんりひじり幼稚園・ひじりにじいろ保育園となる。
　現住所　〒560-0081　豊中市新千里北町3-2-1
　電話06-6873-4152　URL：http://www.senrihijiri.ed.jp/

●装幀　山田道弘
●カバー・扉イラスト　ミウラナオコ

子どもに至る
保育者主導保育からのビフォー＆アフターと同僚性

2016年8月28日　初版発行
2019年4月20日　3刷発行

編著者　安達　譲
発行者　名古屋研一
発行所　㈱ひとなる書房
東京都文京区本郷2-17-13
電話　03-3811-1372
FAX　03-3811-1383
e-mail：hitonaru@alles.or.jp

©2016　印刷／中央精版印刷株式会社　＊落丁本、乱丁本はお取り替えいたします。